U0578205

# 甲骨卜辞菁华

## 商王名号篇

韩江苏 ◎ 著

安阳师范学院甲骨文研究院

甲骨学与殷商文化研究丛书

郭旭东 ◎ 主编

文物出版社

图书在版编目（CIP）数据

甲骨卜辞菁华.商王名号篇/韩江苏著.--北京：文物出版社，2023.8
ISBN 978-7-5010-7358-0

Ⅰ.①甲…　Ⅱ.①韩…　Ⅲ.①甲骨文－研究　Ⅳ.① K877.14

中国版本图书馆 CIP 数据核字（2022）第 000517 号

# 甲骨卜辞菁华·商王名号篇

著　　者：韩江苏

责任编辑：安艳娇
装帧设计：谭德毅
责任印制：张　丽

出版发行：文物出版社
社　　址：北京市东城区东直门内北小街 2 号楼
邮政编码：100007
网　　址：http://www.wenwu.com
经　　销：新华书店
印　　刷：宝蕾元仁浩（天津）印刷有限公司
开　　本：710mm×1000mm　1/16
印　　张：10
版　　次：2023 年 8 月第 1 版
印　　次：2023 年 8 月第 1 次印刷
书　　号：ISBN 978-7-5010-7358-0
定　　价：56.00 元

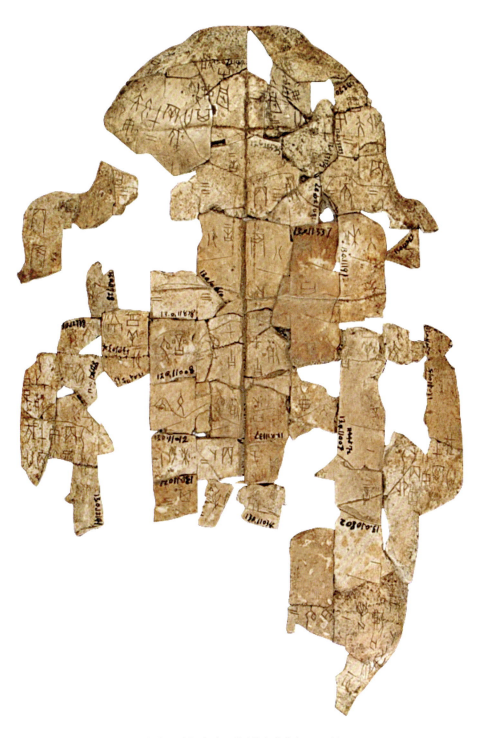

"大庚"受祭卜辞（《甲骨文合集》895丙）

"祖乙"卜辞（《甲骨文合集》776）

# 凡 例

一、"甲骨卜辞菁华"丛书包括商王名号篇、军制篇、战争篇、气象篇、祈年篇、天神篇、梦幻篇、风俗篇、书法篇九册。每册书名采用"甲骨卜辞菁华·某某篇"形式。

二、本丛书所收录甲骨片皆精选内容重要、片形较为完整、字迹较为清晰的甲骨拓片。个别片于书前附其彩图，部分片采用缀合后的拓片。拓片图为单辞条者，一般在前给出能看清刻辞的图版；而多辞条选取一二且不易区分者，前放局部以便分辨刻辞，后放整体以见整片全貌。

三、每片甲骨由整理者根据卜辞主旨拟定名称，具体格式为"某某"卜辞。

四、注释部分由释文、拓片信息、辞语解析及卜辞大意组成。其中，释文以竖排简体形式列于篇名之侧；拓片信息简略介绍所选甲骨片的分期、拓片来源；辞语解析以条目形式，对释文中的重点字词、语法特征及重要历史人物、典章制度等进行简略注释；卜辞大意则是阐述所选相关卜辞的主旨大意，部分卜辞附有相关背景知识的介绍。

五、释文加现代标点，以保证文本的可读性。卜辞中的常见字原则上使用简体中文；部分罕见字为保持原字形架构使用繁体字；而难以隶定之字，则采用原甲骨字形标示。

六、对于原甲骨片中字迹磨灭、缺失及模糊难以隶定的情况，释文中以一"□"标示一字，以"……"标示字数不确定。凡残缺但能据上下文意补定之字，在补定的文字外加"〔 〕"标示。

七、为了方便阅读，原甲骨片中的古今字、异体字、通假字，皆随释文直接写成今字、本字，不再另加标示符号，直接在注释中加以说明。

八、丛书所选刻辞甲骨分别采自《甲骨文合集》《小屯南地甲骨》《殷墟花园庄东地甲骨》与《小屯村中村南甲骨》等，正文中多用著录简称，每册后则附录有"甲骨文著录简称与全称对照"表。

九、丛书甲骨文分期采用董作宾的五期断代法，具体如下：第一期，商王武丁及其以前（盘庚、小辛、小乙）；第二期，商王祖庚、祖甲；第三期，商王廪辛、康丁；第四期，商王武乙、文丁；第五期，商王帝乙、帝辛。

十、本书"辞语解析"部分中直接引用已有甲骨学研究成果的，为便于读者查证，随行文注明；参考或借鉴已有甲骨学研究成果的，以"参考文献"的形式附录于书后。

# 前　言

　　在使用公元纪年之前，中国古代纪年的方法主要有四种：一种是王公即位年次纪年法，即以王公在位年数来纪年，如《左传》所用编年；一种是年号纪年法，自汉武帝起开始有年号，此后每个皇帝即位都要改元，并以年号纪年；一种是干支纪年法；一种是年号干支兼用法，纪年时，皇帝年号置前，干支列后，如顺治二年乙酉四月。历朝历代皇帝的年号纪年之数相加之和，便构成了中国古代历史的总积年。司马迁根据前人留下的资料，在《史记》中明确记载了西周共和元年及其以后发生的重大历史事件。共和元年即公元前841年。从这一年起，我国历史开始有了确切纪年。西周之前的商王朝纪年，有两种：

　　一种是商王朝总积年，清以前的文献有458年、496年、497年、576年、645年以及五百余年、六百年、六百余年等多种说法。其中先秦两汉的文献所见有如下三说：

　　1.近五百年说

　　《汲冢纪年》曰："汤灭夏以至于受，二十九王，用岁四百九十六年。"（《史记·殷本纪》集解引）

　　《易纬稽览图》："殷四百九十六年。"

　　2.五百余年说

　　《鹖子·汤政》："汤之治天下也，……积岁五百七十六岁至纣。"

　　《孟子·尽心下》："由汤至于文王，五百有余岁。"

　　3.六百余年说

　　《左传》宣公三年："桀有昏德，鼎迁于商，载祀六百。"

　　《世经》："自伐桀至武王伐纣，六百二十九岁。"（《汉书·律历志》引）

　　一种是诸商王在位积年。它又有两种记载：一种是文献典籍记载的各位商王积年，见今本《竹书纪年》《史记·殷本纪》等。一种是甲骨文中所见王年，有岁和祀两种称呼：一称岁，有"今岁""来岁""二岁""三岁""五岁""十岁"等，都是指时王在位之年；一称祀，商代末年的甲骨文及青铜器铭文中，常见有"惟王几祀"的记载，"祀"即是"年"，是借"祀"以名"年"，"惟王几祀"即指时王几年。

历史典籍及诸子百家虽有夏、商、西周王朝的零星记录，然20世纪初兴起的疑古学派，对东周以前的历史提出了怀疑。胡适在1918年为《中国哲学史大纲》一书所做的"导言"中指出："以现在中国考古学的程度看来，我们对于东周以前的中国古史，只可存一个怀疑的态度。"[①] 在1921年7月31日的"研究国故的方法"讲演中，更进一步地说："在东周以前的历史，是没有一字可以信的。以后呢？大部分也是不可靠的。如《禹贡》这一章书，一般学者都承认是可靠的。据我用历史的眼光看来，也是不可靠的，我敢断定它是伪的。在夏禹时，中国难道竟有这般大的土地么？四部书里边的经、史、子三种，大多是不可靠的。"1921年时，顾颉刚将胡适对上古史"怀疑的态度"明朗化，并断言："照我们现在的观察，东周以上只好说无史。"这就是"东周以上无史"观点的提出。顾颉刚于1922年提出了振聋发聩的论断："古史是层累地造成的，发生的次序与排列的系统恰是一个反背。"[②]

以顾颉刚为代表的疑古学派，用儒家经典的记载，把2000多年来儒家构筑的古史体系，即三皇、五帝、夏商周三代的历史发展源流进行了彻底的否定。这种学术观点在海内外学术界产生了重大影响。夏商周三代及五帝是否在中国历史上存在过，司马迁所记的《五帝本纪》《夏本纪》《殷本纪》的真实性，一度受到怀疑。

1899年甲骨文的发现和1928年以来的殷墟考古发掘及研究，用地下出土的文字资料和考古实物，证实了殷墟是商代后期的都城。这说明中国历史上确实有商王朝的存在，也印证了司马迁所记《殷本纪》为可信的历史。

甲骨文中出现的商王名号，大多见于《殷本纪》中；然《殷本纪》中所见商王名号有的却不见于甲骨文中。是《殷本纪》所载有误？抑或是甲骨文材料不完备？需要在甲骨文发现120多年来对此阐明。又，甲骨文中的合祭商先公先王卜辞，是在位商王对已故商王祭祀的占卜，其中，涉及先王的祭祀顺序与世次。时王对前辈先王的依次即位顺序一定比2000年之后司马迁见到的典籍记载更客观、真实。怎么看待《殷本纪》所载商王世次与甲骨文中的先公先王依次祭祀顺序，涉及商王朝纪年的重要学术问题，对此需要论证。

本文在讨论商王世次时，是以《殷本纪》所载商王世次与甲骨文合祭商王卜辞、周祭卜辞及前人研究成果为据而加以阐述。

---

① 胡适：《中国哲学史大纲》，上海古籍出版社，1997年，第16页。

② 顾颉刚：《〈古史辨〉自序》，上海古籍出版社，1981年，第52页。

# 目　录

## 三　直系、旁系先王配偶受祭

### （一）直系先王配偶祀序

### （二）旁系先王配偶受祭

# 一　先公先王名号

按照王国维的观点，以成汤建国为界，商代历史可分为先公、先王两个阶段。[①] 以周祭商族先公上甲为分界线，成汤建国之前的先公又分商先公远祖、近祖两个阶段。因《殷本纪》所记与甲骨文所见商先公远祖不能一一对应，故不对商先公远祖的甲骨内容进行介绍。因甲骨文中有王亥为上甲之父的占卜，它与《殷本纪》所载先公世次相合，故以此开篇。

# （一）先公名号

## 『王亥』卜辞

□□卜，王〔贞〕：其燎于上甲父〔王〕亥？

第一期
《甲骨文合集》24975

### 辞语解析

1. 燎，祭名，《说文》："燎，柴祭天也。"《尔雅·释天》："祭天曰燔柴。"卜辞燎字作米、粜、粦等形，象积薪焚烧成火之形。商代燎祭常见，有在某地举行燎祭的，也有对祖先神进行燎祭的。

2. 上甲父，即先公上甲之父，这种称呼方式，在甲骨卜辞中仅一见。

3. 王亥之亥字作 形，初看从鸟从亥两个偏旁，其实他是商先公之名亥的远祖先公之专名。亥字上加鸟形装饰物，是商民族以鸟为图腾的直接体现。《山海经·大荒东经》："有人曰王亥，两手操鸟，方食其头。"袁珂注："当亦图象如此。"[2]若把甲骨文中  字与《山海经·大荒东经》所记内容对应看，其图象当是甲骨文亥字上加鸟形图案。后人因不解其意，故文字解说令人迷茫、困惑。甲骨文亥字作 、 等形，与侧立人 有相似之处，被当成侧立人形。若把文字符号复原成实物， 就象人的两手握住鸟腿，鸟的嘴巴正好作吞食人之头形。甲骨文王亥之"亥"的写法，准确地诠释"两手操鸟，方食其头"之义。

王亥之亥，还有以下几种写法：

| 《合集》30447 | 《合集》32088 | 《合集》34293 | 《合集》34295 | 《英藏》1858 |
| --- | --- | --- | --- | --- |

## 卜辞大意

这是一条占卜祭祀王亥的卜辞。大意是某某日，时王祖庚或祖甲亲自贞问："要燎祭上甲之父——王亥吗？"

---

① 王国维：《殷卜辞中所见先公先王续考》，中华书局，1961年，第439页。

② 袁珂：《山海经校注》，上海古籍出版社，1980年，第351页。

## 『王亥母』卜辞

1 贞：燎于王亥母豕？

2 勿燎于王亥母？

3 贞：勿燎于王亥母？

2    1

3

第一期

《甲骨文合集》685正

## 辞语解析

1. 母，作 形，与甲骨文中的女字有时同形异义。需根据不同语境来区分是母字还是女字。

2. 王亥母，指王亥的配偶。于省吾《释王亥的配偶》谓："甲骨文关于先公和先王的配偶，自示壬示癸才开始以天干为庙号，至于王亥配偶之称为王亥母，则为旧所不知……甲骨文女母二字互用无别……燎豕以祭祀王亥的配偶……王亥母之为王亥的配偶，是可以断定的。"① 王亥之配偶，是甲骨文中所见商先公配偶之一。

3. 豕，即现代汉语中的猪。

## 卜辞大意

　　此三辞位于龟甲版前甲左右边缘，是正反对贞之辞。这是燎祭王亥配偶的占卜。大意是（商王武丁从正反两方面占卜贞问）以豕为牺牲向王亥的配偶举行燎祭可行与否。

---

① 于省吾：《甲骨文字释林》，中华书局，1979年，第192页。

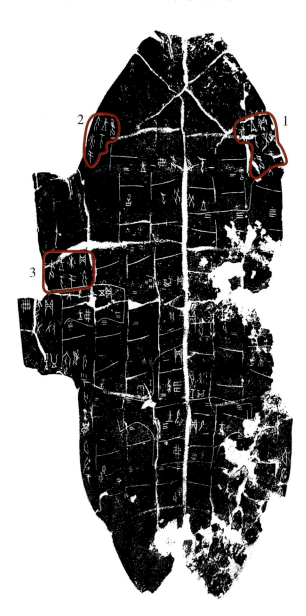

『上甲』等先王合祭卜辞

乙未酚兹品上甲十、报乙三、报丙三、报丁三、示壬三、示癸三、大乙十、大丁十、大甲十、大庚七、小甲三……祖乙？

第四期

《甲骨文合集》32384

## 辞语解析

1. 酚，作 ⿰形，罗振玉释读为酒，字义相当于后世的尝酎酒。酎指经过两次以至多次复酿的醇酒，《说文》："三重醇酒也。从酉，从时省。《明堂·月令》曰：孟秋，天子饮酎。"

2. 兹，罗振玉释兹为系，谓："《说文解字》：'系也。从系丿声。籀文作⿰。'卜辞作手持丝形，与许书籀文合。"[1] 兹在辞中用为祭名。

3. 孙诒让释⿰为品。[2] 在此为祭名，属于哪种祭祀，有待探讨。

4. 上甲，作⊞（《补编》30）、⿴（《补编》36）、⿴（《补编》6960）、⿴（《合集》

22384）、⊞（《合集》22623）、⊞（《英藏》12反）等形，与甲骨文田字相似但不同，它是上和甲字的合文。

5. 报丁，作𝄞（《合集》22701）、𝄞（《合集》32384）、𝄞（《合集》35463）、𝄞（《合集》35465）等形，它是匚与丁字的合文。

6. 报乙，作𝄞（《合集》22688）、𝄞（《合集》35444）等形，罗振玉释读。③它是匚与乙字的合文。

7. 报丙，作𝄞（《合集》32384）、𝄞（《合集》35456）等形，它是匚与丙字的合文。

8. 示壬，作𝄞（《补编》10955）、𝄞（《东京》681）、𝄞（《合集》22706）、𝄞（《合集》22709）、𝄞（《合集》27085）、𝄞（《合集》27087）、𝄞（《合集》27500）、𝄞（《合集》36184）等形，它是示与壬字的合文。

9. 示癸，作𝄞（《补编》6652）、𝄞（《合集》22644）、𝄞（《合集》22715）、𝄞（《合集》27087）、𝄞（《合集》35406）、𝄞（《合集》35481）等形，它是示与癸字的合文。

10. 采用"王号与王号"对照研究法，罗振玉、王国维把甲骨文中出现的⊞、𝄞、𝄞、𝄞、𝄞、𝄞与《殷本纪》的记载对应，考证了此六位人物分别是商代的上甲、报丁、报乙、报丙、示壬、示癸。并由此开创了研究中国古史的新方法——二重证据法。

11. 上甲是王国维考订的，谓："《鲁语》'上甲微能帅契者也，商人报焉'，是商人祭上甲微，而卜辞不见上甲。郭璞《大荒西经》注引《竹书》作'主甲微'，而卜辞亦不见主甲。余由卜辞有𝄞、𝄞、𝄞人名，其乙、丙、丁三字皆在匚或𝄞而悟卜辞中凡数十见⊞或作⊞，即上甲也。"④

12. ⊞、𝄞、𝄞、𝄞先公名号的文字写法，罗振玉对此做了解释：⊞中之十字即古甲字，在□中，与𝄞、𝄞、𝄞之乙、丙、丁三字皆在匚或𝄞中同义。⊞是盛放庙主之神龛正面形体。卜辞报字作"匚"形，《说文解字》："匚，受物之器。象形。……读若方。"⑤"匚"是盛放庙主之神龛侧面形体。王国维谓："报乙、报丙、报丁称报者，殆亦取'报上甲微'之报以为义，自是后世追号，非殷人本称，上甲之甲在□中，报乙、报丙、报丁之乙、丙、丁三字在匚中。"⑥商人以上甲微为可信之始祖，将其以后各位祖先的牌位整齐划一地放入神龛以祭，见于大量的甲骨占卜刻辞中。

13.上甲六世名号来源：

王国维谓："疑商人以日为名号，乃成汤以后之事。其先世诸公生卒之日，至汤有天下后定祀典名号时，已不可知，乃即用十日之次序以追名之，故先公之次乃适与十日之次同，否则，不应如此巧合也。"⑦于省吾谓："六世中上甲和三报的庙号，乃后人所追定。……而自二示和二示以后先王和先妣的庙号则尚为完备，这是由于有典可稽的缘故。至于上甲和三匚的庙号，由于无典可稽，故后人有意识地排定为甲乙丙丁。……示壬、示癸的庙号为什么日干相次，因为所有的庙号都限于十个日干，则有的重复有的相次是难免的。……周祭中祖己和祖庚的日干相次，……这和上甲与三报的庙号为后世所拟定的迥然不同。"⑧

王国维、于省吾对上甲六示中甲、乙、丙、丁整齐划一的先公命名解释，符合客观历史。在商家族发展中，上甲微作过巨大贡献，故受到后世子孙的特别尊崇（《国语·鲁语上》），把他定为享受周祭的第一人。自上甲至三报四世，当是成汤有天下后定祀典时所追定，故有甲乙丙丁之庙号的整齐划一。

14.证经补史：

王国维在罗氏考订的基础上，将《后上》第8页第十四片与《戬》第一页第十片拓本拼合（即《合集》32384上部，下半部由董作宾拼合），内容为：

乙未酚衁品上甲十，报乙三，报丙三，报丁三，示壬三，示癸三，……大丁十，大甲十……

因甲骨骨版残断，该版甲骨中，成汤建国之后的先王，仅见大丁和大甲两位，其他先王名号残缺。王国维据此考证出了上甲六世名号及世次。王国维谓："据此一文之中，先公之名具在，不独田即上甲，匸、匚、匚即报乙、报丙、报丁，示壬、示癸即主壬、主癸，胥得确证，且足证上甲以后诸先公之次，当为报乙、报丙、报丁、丰壬、主癸，而《史记》以报丁、报乙、报丙为次，乃违事实。又据此次序，则首甲、次乙、次丙、次丁，而终于壬、癸，与十日之次全同。"⑨

王国维以今《合集》32384版上同版甲骨、同一条卜辞中先公先王祭祀顺序，校正《殷本纪》所载上甲至于主癸六示世次，这一研究方法和成果，得到了当时学术界认可。郭沫若在《萃编》序中总结到："本编复得第一一三片……亦正为上甲、报乙、报丙、报丁、示壬、示癸。又有第一一四片，虽

一　先公先王名号

字缺横画而辞亦不全，唯报乙亦次于上甲。是则报乙之次上甲，共得三例，而《史记》之误为绝对无疑矣。"[10]

## 卜辞大意

这是一条合祭上甲六世先公和大乙等先王的占卜。大意是乙未日，在位商王能否用酒、彡、品三种不同的祭祀来祭上甲、报乙、报丙、报丁、示壬、示癸、大乙、大丁、大甲、大庚、小甲……祖乙。

---

① 罗振玉：《增订殷虚书契考释》（中），东方学会，1927年，第61页。

② 孙诒让：《契文举例》（上），蟫隐庐石印本，1927年，第10页上。

③ 罗振玉：《增订殷虚书契考释三卷》，东方学会，1927年，第7页。

④ 王国维：《殷卜辞中所见先公先王续考》，《观堂集林》，中华书局，1961年，第422页。

⑤ 段玉裁：《说文解字注》，上海古籍出版社，1981年，第635页。

⑥ 王国维：《殷卜辞中所见先公先王续考》，《观堂集林》，中华书局，1961年，第426页。

⑦ 王国维：《殷卜辞中所见先公先王续考》，《观堂集林》，中华书局，1961年，第440页。

⑧ 于省吾：《甲骨文字释林》，中华书局，1979年，第194页。

⑨ 王国维：《殷卜辞中所见先公先王续考》，《观堂集林》，中华书局，1961年，第439页。

⑩ 郭沫若：《〈殷契萃编〉序》，科学出版社，1965年，第8页。

『上甲三报二示』卜辞

辛亥卜，毛上甲牛，三报羊，二示牛？

第四期

《甲骨文合集》32349

## 辞语解析

1. 于省吾释 ᵇ 为毛字初文，应读为砥，与磔同义，磔是就割裂祭牲的肢体。[①]

2. 三报，指报乙、报丙、报丁三位先公。

3. 二示，指示壬、示癸两位先公。

4. 上甲六世出现在多条卜辞中，它是上甲、三报、二示的集合称谓。指称对象是成汤建国之前的上甲、报乙、报丙、报丁、示壬、示癸六位近世先公。

## 卜辞大意

　　这是一条祭祀上甲、三报、二示的合祭卜辞。大意是在位商王在辛亥日占卜，贞问要割裂牛牲祭上甲可行与否，割裂羊牲祭三报即报乙、报丙、报丁，割裂牛牲祭二示即示壬、示癸。

---

① 于省吾：《甲骨文字释林》，中华书局，1979年，第170页。

甲骨卜辞菁华·商王名号篇

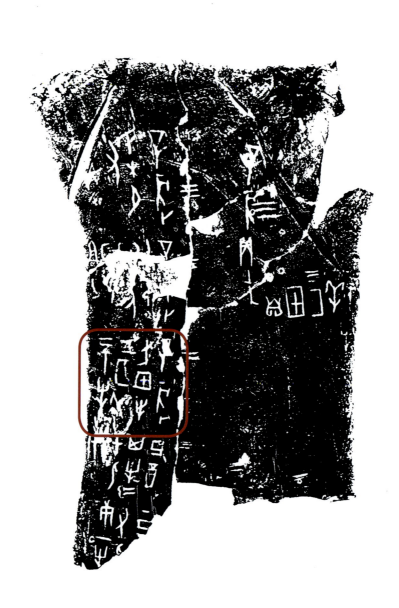

# （二）先王名号

　　自大乙至于帝辛，《殷本纪》载，共有31位商王。甲骨文发现后，中壬、沃丁、廪辛不见于甲骨文中，说明他们不曾即位为王。武丁太子——孝己不见于《殷本纪》中，但见于其他先秦典籍中。甲骨文祖庚、祖甲卜辞中孝己称兄己，康丁卜辞中称小王父己，帝乙、帝辛卜辞中称祖己。他不但受其兄弟（祖庚、祖甲）及后世子孙的一般祭祀，而且还受周祭，说明其身份、地位与曾即位为王的商先王一样。武丁之子——孝己在甲骨文中受祭史实，为研究商代宗法及太子制度提供了坚实的基础，故选康丁卜辞中的"父己"甲骨卜辞于"先王名号篇"中。根据商代周祭制度，周祭顺序是历史上商王的真实继位顺序。故本文的先王顺序排列，是按照商先公先王的周祭顺序排列的。

『大乙』等合祭卜辞

庚申，贞：其御于上甲、大乙、大丁、大〔甲〕、祖乙？

第四期

《小屯南地甲骨》290

## 辞语解析

1.御，杨树达认为御"有禳除灾祸之义"。[①]

## 卜辞大意

　　这是一条合祭上甲先公、大乙先王的卜辞。大意是庚申日占卜贞问，可否向上甲、大乙、大丁、大〔甲〕、祖乙举行禳除灾祸的御祭。

---

① 杨树达：《积微居甲文说　卜辞琐记》（排印本），中国科学院，1954年，第17页。

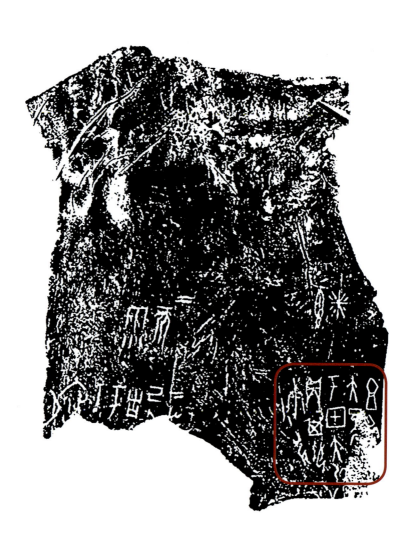

『上甲、成五示』合祭卜辞

翌乙酉屮伐于五示：上甲、成、大丁、大甲、祖乙？

第一期

《甲骨文合集》248正

## 辞语解析

1. 翌，即翌日，甲骨文中一般指次日，即第二天。翌字在古文献中多指次日，如《尚书·召诰》："越五日甲寅，位成。若翼日乙卯，周公朝至于洛。"《尚书·武成》："惟一月壬辰，旁死魄，越翼日癸巳，王朝步自周。"乙卯是甲寅的次日，癸巳是壬辰的次日。董作宾谓一旬内（从甲日至癸日）的日期皆可称"翌"。①

2. 伐，作 ✝ 形，从人从戈，象以戈穿过人颈项之形，本义为杀伐。

3. 示，作 ⊤、示、ⵉ 等形，甲骨文示字象神主牌位之形。本义为"神主牌"。②

## 卜辞大意

这是一条合祭上甲先公、成汤先王五位的卜辞。大意是翌日乙酉日，可否向上甲、成、大丁、大甲、祖乙五位商先王杀伐致祭。

---

① 董作宾：《卜辞中所见之殷历》，《安阳发掘报告》第3期，1931年。

② 杨升南：《从殷墟卜辞中的"示""宗"说到商代的宗法制度》，《中国史研究》1985年第3期。

『成、大丁』等先王合祭卜辞

侑于成、大丁、大甲、大庚、大戊、中丁、祖乙？

第一期

《甲骨文合集》1403

## 辞语解析

1.⿱，王国维谓：侑"又之言侑也，《诗·楚茨》：'以妥以侑。'犹言祭也。"①

2.成，字作⿱（《合集》231）、⿱（《合集》248）、⿱（《合集》1247）等形，还有作"咸"形者，如⿱（《合集》1242）、⿱（《合集》1397）等形。成即成汤，伐夏建国，是商王朝的开国之君。《古本竹书纪年》谓："汤有七名而九征。"汤之七名，严一萍对此系统整理，分别是：一曰唐，二曰成，三曰大乙，四曰成唐，五曰履，六曰武王、武汤，七曰帝乙。②

成汤功高盖世，受到后世子孙隆重祭祀，甲骨文中，成汤还称高祖乙（《合集》32445、32446、32447），他还是商朝历史上享受周祭的第一位先王。

## 卜辞大意

　　这是一条合祭成汤等七位直系先王的卜辞。大意是商王武丁占卜贞问可否向成、大丁、大甲、大庚、大戊、中丁、祖乙举行侑祭。

---

① 王国维：《戬寿堂所藏殷虚文字考释》，上海仓圣明智大学石印本，1917年，第1页。

② 严一萍：《殷商史记》，台北艺文印书馆，1991年，第49页。

# 『唐、大甲、大丁』等先王合祭卜辞

贞：御自唐、大甲、大丁、祖乙百羌、百宰？

第一期

《甲骨文合集》300

## 辞语解析

1. 大乙，作大ʃ（《合集》1262）、ʅ（《补编》10439）等形。

2. 唐，作🗡（《合集》1279）、🗡（《合集》22739）、🗡（《合集》27276）等形。唐还称唐或武唐（《合集》26770）。成汤原本为夏朝诸侯，乘夏桀不务德而武伤百姓之机，行仁义，得民心，一度威胁到夏朝统治，夏桀于是召见汤并把他囚禁于夏台（监狱）。后成汤不仅被夏桀释放，而且还被授予专征大权，替夏王征伐有罪诸侯，《孟子·滕文公》："汤始征，自葛始，十一征而无敌于天下。"成汤讨葛伯、伐有洛、征荆伯、灭温、取韦、诛昆吾，势力逐渐壮大，于鸣条之战，击败夏桀，夺取天下，建立商王朝。《帝王世纪》："汤乃即天子之位，以木承金，遂迁九鼎于亳。"①中国历史上第二个国家王朝建立。

3. 按照长幼顺次原则，大甲、大丁的祭祀顺序错误。根据大量"大乙、大丁、大甲"刻辞祭祀顺序判断，该版大甲、大丁的祭祀顺序错误有可能是误刻而致。

4.宰，是经过特殊圈养以用于祭祀的羊。后世文献中称少牢。

## 卜辞大意

这是一条合祭成汤等四位先王的卜辞。大意是商王武丁占卜贞问可否用百个羌人（作人牲）、百头羊向唐、大甲、大丁、祖乙举行禳除灾祸的御祭。

---

① 九鼎，《左传》宣公三年："昔夏之方有德也，远方图物，贡金九牧，铸鼎象物，百物而为之备，使民知神奸，故民入川泽、山林，不逢不若。魑魅罔两（魍魉），莫能逢之，用能协于上下，以承天休。桀有昏德，鼎迁于商，载祀六百。商纣暴虐，鼎迁于周。"《史记·封禅书》："闻昔泰帝兴神鼎一，一者，壹统，天地万物所系终也。黄帝作宝鼎三，象天、地、人。禹收九牧之金，铸九鼎，皆尝亨鬺上帝鬼神，遭圣则兴，鼎迁于夏商。周德衰，宋之社亡，鼎乃沦没，伏而不见。"

甲骨卜辞菁华·商王名号篇

# 「大丁」卜辞

1 丙辰卜，丁巳侑岁于大丁，不雨？

2 其雨？兹雨。

第四期
《甲骨文合集》33308

## 辞语解析

1. 大丁，作 𣏚口（《合集》422）、𣏚（《补编》7038）、𣏚（《合集》33986）、𣏚（《屯南》354）等形。大丁为成汤太子，未立而卒，《殷本纪》谓："汤崩，太子太丁未立而卒，于是乃立太丁之弟外丙，是为帝外丙。帝外丙即位三年，崩，立外丙之弟中壬，是为帝中壬。"根据《殷本纪》记载，成汤有三子，分别是太丁、外丙和中壬。因大丁未立而卒，于是大丁之弟外丙即位为王，外丙崩后，由其弟中壬即位为王。中壬崩后，由大丁之子大甲即位为王。文献记载大丁未即位为王。甲骨文中，他受到的祭祀待遇与商代直系先王一样。成汤崩后，王位由成汤之次子——外丙继位还是由大丁之子大甲继位，涉及商朝初年是否实行中国古代的重要政治制度——宗法制一事，学术意义重大。

## 卜辞大意

　　这是岁祭大丁的正反对贞卜辞。大意是丙辰日占卜，第二日丁巳日向大丁进行侑祭、岁祭，是否会下雨。占卜结果是：这次下雨。

# 『大甲』卜辞

己亥卜，于大乙、大甲御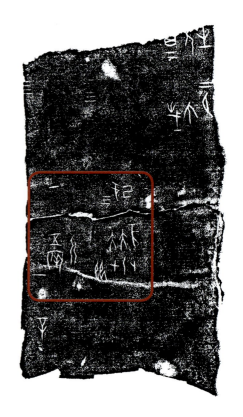五宰？

甲骨卜辞菁华·商王名号篇

第一期

《甲骨文合集》4325

---

## 辞语解析

1. 大甲，还作ㄐ竹（《合集》1293）、╋夬（《合集》32385）、╋夬（《合集》35530）
   等形。

2. 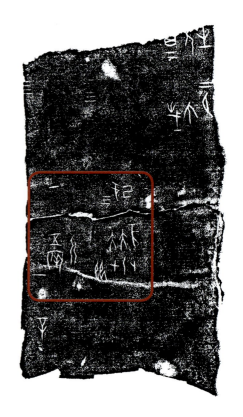，是商王武丁时期一个大臣。

3. 历史上的大甲，《殷本纪》谓："帝中壬即位四年，崩，伊尹乃立太丁之子太
   甲。太甲，成汤適（嫡）长孙也，是为帝太甲。帝太甲既立三年，不明，暴
   虐，不尊汤法，乱德，于是伊尹放之于桐宫。帝太甲居桐宫三年，悔过自责，
   反善，于是伊尹乃迎帝太甲而授之政。帝太甲修德，诸侯咸归殷，百姓以宁。
   伊尹嘉之，乃作《太甲》训三篇，褒帝太甲，称太宗。"伊尹放太甲于桐宫三
   年，商王位出现空缺，是伊尹篡位还是由外丙即位为王、伊尹摄政当权？

文献记载外丙与太甲的即位顺序与甲骨文发现后太甲、外丙的祭祀顺序（特别是周祭顺序）不同。这个问题关系到商朝建国之初的一项重要政治制度——宗法制的实行与否。[①]

## 卜辞大意

这是一条向大乙、大甲举行御祭的卜辞。大意是己亥日占卜贞问，可否用五只圈养之羊为牺牲，为[i]向大乙、大甲举行禳除灾祸的御祭。

---

[①] 韩江苏、江林昌：《〈殷本纪〉订补与商史人物征》，中国社会科学出版社，2010年，第122～128页。

## 『外丙』卜辞

1 贞：侑于外丙一伐？

2 侑伐于外丙，又宰。

3 王占曰：二伐。

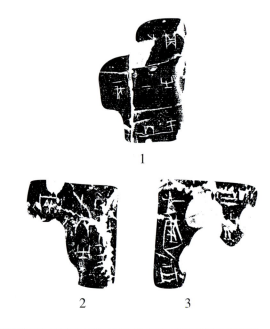

1

2　　　　3

第一期

《甲骨文合集》940正、反

## 辞语解析

1. 卜丙，作 𝕸（《合集》22775）、𝕹（《合集》19817）、𝕺（《合集》27164）、𝕻（《合集》35550）、𝕼（《屯南》4305）等形。甲骨文中卜丙的商王祭祀顺序与文献所载商王世次中的外丙大体相应，故判定甲骨文中的卜丙是文献中的外丙。

2. 伐，杀也。[①] 甲骨文伐字作𝕽形，象以戈头斩伐人颈之形。伐在此指杀伐人牲。

3. 据《殷本纪》载，外丙为成汤次子、太丁之弟、太甲之叔。按照宗法制立长立嫡之法，外丙本无为王的可能，因太甲不贤，不尊汤法，荒淫暴虐，伊尹放之于桐，于是太丁之弟、太甲之叔外丙即位，是为帝外丙。[②]

## 卜辞大意

这是占卜侑祭外丙的卜辞。大意是商王武丁占卜贞问，是杀伐一个人牲侑祭外丙，还是用人牲又用圈养之羊侑祭于外丙。该占卜还有验辞，位于该版的背面，内容是：王占卜的结果是用二伐人牲。

---

① 王念孙：《广雅疏证》，中华书局，1983年，第40页。

② 韩江苏、江林昌：《〈殷本纪〉订补与商史人物徵》，中国社会科学出版社，2010年，第122页。

甲骨卜辞菁华·商王名号篇

1

正

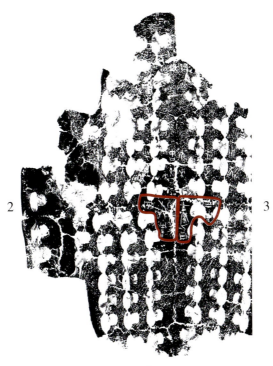

2                                      3

反

『大庚』受祭卜辞

乙卯卜，内，曶大庚七十宰、伐二十？

甲骨卜辞菁华·商王名号篇

第一期
《甲骨文合集》895丙

## 辞语解析

1. 曶，于省吾谓："曶以册为音符，应读如删通作刊，俗作砍。《篇海》谓：'砍，斫也。'《说文》谓：'斫，击也。'甲骨文于祭祀用人牲和物牲之言曶者习见，……指砍断降虏之肢体言之。"[1]

2. 内，是武丁时期的贞人。

3. 七十，作"✝"形，是甲骨文"七"和"十"的合文。

4. 二十，作"∪"形，是二十的合文，也可释读为现代汉语中的"廿"。

## 卜辞大意

这是祭祀大庚的占卜。大意是乙卯日，内这一贞人占卜贞问是否要砍杀七十头羊、杀伐二十个（人牲）向大庚祭祀。

---

① 于省吾：《甲骨文字释林·释曶》，中华书局，1979年，第172页。

『大庚』降祸卜辞

1 乙亥，贞：惟大庚祚㞢？三

2 大庚不祚㞢？

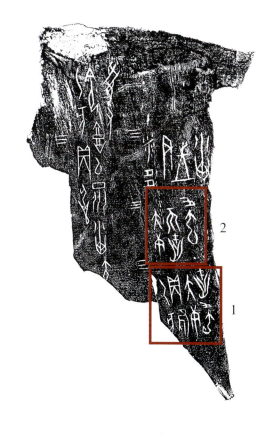

第四期

《甲骨文合集》31981

## 辞语解析

1. 大庚，还作𣴎（《合集》22799）、𣴎（《合集》26968）、𣴎（《合集》35558）、𣴎（《屯南》2375）等合文形。古代汉语中，天、太、大有时是同义词，《广雅》："天、太，大也。"①甲骨文中，当时的王都"大邑商"（《合集》36482）也称"天邑商"（《合集》36542）即其证。《史记·殷本纪》载太庚为太甲子、沃丁弟，曰："沃丁崩，弟太庚立。是为帝太庚。"太庚有三子相继为王，即小甲、大戊、雍己。

2. 㞢，屈万里谓：㞢"降殃咎也"。②郭沫若释㞢为"患害义"。③

3. 祚、乍为同义字，于省吾谓："𠃊、作古今字，此应读为。"④

4. 𢖶，即后世之惟，语气助词，常用在句首，无实义。

## 卜辞大意

　　这是占卜大庚是否降灾祸的卜辞。大意是乙亥日，在世商王从正反两面贞问，大庚是否降灾祸或患害商王及王室成员。

---

① 王念孙：《广雅疏证》，中华书局，1983年，第5页。

② 屈万里：《殷虚文字甲编考释》，台北"中央研究院"历史语言研究所，1961年，第406页。

③ 郭沫若：《殷契粹编》，科学出版社，1965年，第350页。

④ 于省吾：《双剑誃殷契骈枝三编》，石印本，1944年，第36页。

甲骨卜辞菁华·商王名号篇

『小甲』卜辞

小甲一牛？三

第一期

《甲骨文合集》18407

## 辞语解析

1. 小甲，作 (《合集》1489)、 (《合集》18407)、 (《合集》32384)、
 (《合集》35597)、 (《合集》38272) 等形，是小和甲字的合文。小甲为太庚
之子还是太庚之弟，典籍中有两种记载，《史记·殷本纪》谓："帝太庚崩，子
帝小甲立。"《史记·三代世表》："帝小甲，太庚弟。"

## 卜辞大意

　　这是祭祀小甲的占卜。大意是（在世商王）用一牛为牺牲祭祀小甲可行
与否。

1

2

3

『大戊』卜辞

1 甲子卜，扶，彭外丙御？

2 甲子（卜，扶，）彭大戊御？

3 甲子卜，彭中丁御？

甲骨卜辞菁华·商王名号篇

第一期

《甲骨文合集》19838

## 辞语解析

1. 扶，为师组卜辞贞人。

2. 大戊是商代前期有名的圣君。大戊即位后，出现祥桑生于朝的灾异现象，《史记·殷本纪》："帝太戊立伊陟为相，亳有祥桑谷共生于朝，一暮大拱，帝太戊惧，问伊陟，伊陟曰：'臣闻妖不胜德，帝之政其有阙与？'太戊从之。而祥桑枯死而去。……太戊时，殷复兴，诸侯归之，故称中宗。"[①] 大戊从天现灾异中受到警示，侧身修行，政治清明，国事强盛，边境诸侯前来臣服。太戊文治武功，被尊为中宗，享国七十五年，《尚书·无逸》："昔殷王中宗，严恭寅畏，天命自度，治民祗惧，不敢荒宁，肆中宗之享国七十有五年。"甲骨文中的大戊受到后世子孙隆重祭祀。

《史记·殷本纪》记载太戊继雍己后即位为王，谓："帝雍己崩，弟太戊立，是为帝太戊。"周祭卜辞中，大戊在雍己前受周祭，根据先即位为王先受祭的周祭原则，太戊在雍己前即位（详见"世系"篇）。甲骨文发现后，大戊、雍己祭祀顺序及《殷本纪》所载的继位顺序差异，是探讨商代中期"九世乱"的起因。

## 卜辞大意

这是一版分别祭祀外丙、大戊、中丁的占卜。大意是甲子日占卜，分别用酒御祭外丙，用酒御祭大戊，用酒御祭中丁，可行与否。

---

①《史记集解》，孔安国曰："祥，妖怪也，二木合生，不恭之罚。郑玄曰：两手擅之曰拱。"

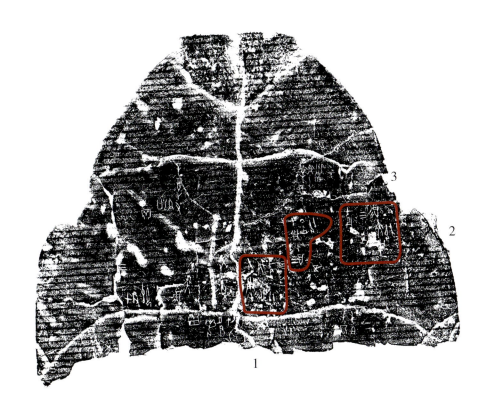

## 「雍己」卜辞

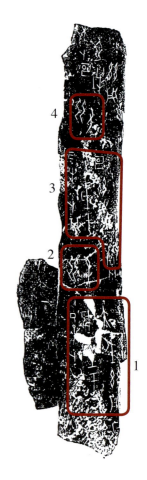

1 丁巳卜，岁至于大戊？兹用。

2 弜至？

3 己未卜，其侑岁于雍己？兹用囗牢。

4 弜侑？

第三期
《小屯南地甲骨》3794

## 辞语解析

1. 雍己，作ᔑ（《合集》20014）、ᔑ（《合集》22814）、ᔑ（《合集》22816）、
   ᔑ（《合集》22819）、ᔑ（《合集》22820）、ᔑ（《合集》22821）、ᔑ（《合集》
   24392）、ᔑ（《合集》27172）、ᔑ（《合集》27173）、ᔑ（《合集》35618）、ᔑ
   （《合集》35624）、ᔑ（《屯南》2165）等形，是雍字的省文与己字的合文。

雍己一名为吴其昌所释，谓："……诸形，从口从己，当即口己二字之合文也。……'雝'字或从口，或从▯。……此口，即⟨⟩所构成之主体，此▯，即⟨⟩所构成之主体矣。且古辟雍之制创建其早。……故惟此方隆坚筑之土基口状，实为构成辟雍最原始之雏形，亦为构成辟雍最重要之本体矣。故此口字者，谓之'雝'字之省文，可；谓之'雝'字之初文，可；即谓之'雝'字之本字，殆亦无不可也。以是经籍空悬'雍己'之名，而苦无证，枉留'口己'之字，而苦不释矣。……今本片卜辞，先祭口己，而以次祭及于中丁，其长幼先后之序，适与经籍所述者密合，则本片之本身，即为一坚确不磨之佳证矣。"① 陈梦家谓："吴其昌最先证明他是雍己，并以为⟨⟩是口己的合文。而'口'是雝的初文。郭沫若亦从此说。我们则认为⟨⟩或⟨⟩是一个字，即《说文》邕的籀文⟨⟩，⟨⟨就是水，……卜辞王名邕所从之己即象水之形。……知卜辞干支之'己'本象水流浍浍，契刻成方笔。"②

2. 雍己的释读，吴其昌论证符合实际，但稍有误读。甲骨文中的雝字作⟨⟩（《合集》36560）、⟨⟩（《合集》37406）、⟨⟩（《合集》37651）、⟨⟩（《合集》37652）、⟨⟩（《合集》37653）等形，雍己之雍和雝字均从口、▯、⊙、一等形，这些符号当是甲骨文雝字下所从符号，可见，雍己之雍源于雝字初文或省文。

3. 岁，吴其昌谓："'岁'之本义既为斧钺之象形，斧钺可以刑牲，故岁字引申为刑牲。此徵之以卜辞群辞而可确知无疑者。"③《诂林》："……岁为刿，在卜辞中为杀牲之法。……岁用为祭祀名。引申之，此种用牲之法以祭祀先祖之祭名亦谓之'岁'。在卜辞中，用牲之法与祭名每每无别。如劓、伐、俎、沉、埋等均是。乙辛卜辞，多简称为'王宾岁亡尤'，不言所用牲之名称。"④

4. 弜，《诂林》按："卜辞'弜'皆用作否定词，与'弗'同。"⑤

5. 雍己为太庚子。《史记·殷本纪》："帝小甲崩，弟雍己立，是为帝雍己。殷道复衰，诸侯或不至。"雍己时，商王朝经历了建国以来的第二次衰亡。甲骨文周祭制度的研究，发现雍己在大戊后受周祭，根据先即位为王先受祭原则判断，雍己应是继其兄太戊后即位为王（论证见"世系"篇）。

6. 兹，为罗振玉释读，谓："《说文解字》：'丝，微也。从二幺。'古金文用为训此之兹，与卜辞同。"陈梦家谓："卜辞关于事物的指称有兹和。……罗氏训此而训为仅，是对的，但我们以为卜辞'训此'的兹有两种词位，一为前述的指示代词，一作为指词。作为指词的'兹'，可分别为二：一为事物的指称，训此,《尔雅·释诂》:'兹,此也。'二为时间之指称,训今。《广雅·释言》:'兹,今也。'作为事物之指称者,其例如下:'洹其作兹邑祸。''今岁秋不至兹商。''告于兹大邑商。'"⑥兹用,即用此占卜。

## 卜辞大意

这是从正反两面占卜祭祀大戊、雍己兄弟的卜辞。

1.丁巳日占卜杀牲岁祭(从某先王)至于大戊可行否。用此卜。

2."弜至"是"弜岁至于大戊"的省略,即杀牲岁祭(从某先王)不至于大戊。

3.己未日占卜,是否将侑祭岁祭于雍己……牢。用此占卜。

4.可否不侑祭雍己。商王从正反两方面占卜贞问了是否要侑祭雍己。

① 吴其昌:《殷虚书契解诂》,艺文印书馆,1959年,第117~121页。

② 陈梦家:《殷虚卜辞综述》,中华书局,1988年,第429、430页。

③ 吴其昌:《殷虚书契解诂》,艺文印书馆,1959年,第23、24页。

④ 于省吾:《甲骨文字诂林》,中华书局,1996年,第2406页。

⑤ 于省吾:《甲骨文字诂林》,中华书局,1996年,第2630页。

⑥ 陈梦家:《殷虚卜辞综述》,中华书局,1988年,第113页。

## 『中丁』卜辞

丙午卜，中丁岁并彫？

第四期

《甲骨文合集》32498

### 辞语解析

1. 中丁，作中口（《合集》1403）、𝘢（《合集》21873）、𝘣（《合集》22869）、𝘢（《合集》22870）、𝘤（《合集》32385）、𝘥（《合集》35633）等形。中丁还称三祖丁（《合集》27180）。在殷王世系中，受到周祭"丁"名先公先王为报丁、大丁、中丁、祖丁、武丁，中丁排行第三，故称三祖丁。

### 卜辞大意

这是一条岁祭和酒祭中丁的卜辞。大意是丙午日占卜贞问，向商先王中丁举行岁祭和酒祭可行与否。

第三期

《甲骨文合集》27168

## 辞语解析

1. 中丁，为太戊子。《史记·殷本纪》："中宗（太戊）崩，子帝中丁立。"据《殷本纪》载，太庚分别有三子，即小甲、雍己、太戊，他们相继为王。甲骨文发现后，王国维据《殷虚书契后编》上5.1（《合集》）14/4版）甲骨所载商王名号，谓："太戊之后有中丁，中丁之后有祖乙。则中丁、外壬、河亶甲自当为太戊子，祖乙自当为中丁子，知《人表》以中丁、外壬、河亶甲、祖乙皆为太戊弟非矣。"①甲骨文发现后百余年研究成果，认为：中丁为太戊之子，他不是从其父太戊手中继承的商王位，而是从其叔父雍己手中继承的；中丁为太戊子，太戊上有兄小甲，下有弟雍己，太戊之子中丁没有王位继承的权利；然太戊是商代圣君，在位七十五年；太庚子——太戊一支，拥有当时最强的政治经济实力，故为中丁夺取王位创造了条件；中丁继承商王位，是夺权斗争的结果。[②] 中丁元年，自亳迁嚣，即从偃师商城迁都于郑州商城，开启了商代中期频繁迁都的历史局面。自此，商王朝处于极其衰弱的历史阶段。

2. 祭，罗振玉谓："此字变形至多，然皆象持酒肉于示前之形，〰象肉，〰持之，点形不一，皆象酒也。或省示，或并省，又篆文从手持肉而无酒，古金文亦然。"[③] 甲骨文祭作〰形，象以手持肉（至于神示之前）形，小点象征肉中的血水。

## 卜辞大意

这是一条合祭大庚、大戊、中丁的卜辞。大意是今日酒祭大庚、大戊与中丁，将告知于（先祖）举行祭这种祭祀，可行否。

---

① 王国维：《观堂集林》卷九，河北教育出版社，2001年，第284页。

② 韩江苏、江林昌：《〈殷本纪〉订补与商史人物微》，中国社会科学出版社，2010年，第135页。

③ 罗振玉：《增订殷虚书契考释三卷》（中），东方学会石印本影印，1927年，第15页。

# 『外壬』卜辞

壬子卜，行贞：王宾外壬彡，［亡］尤？

第二期

《甲骨文合集》22875

## 辞语解析

1. 外壬，在甲骨文卜辞中称卜壬，作 ⼘（《补编》6979）、⼘（《合集》35636）、⼘（《合集》35638）、⼘（《合集》35640）等形。外壬为旁系先王，被祭祀的卜辞不多，他主要出现于周祭卜辞中。该辞是一条周祭卜辞。

2. 行，为祖庚祖甲时期重要贞人之一。

3. 彡，为祭名，在此专指周祭中的彡祭。

4. 宾，孙怡让谓：宾"盖宾敬之义，《说文·宀部》：'所敬也。从贝㝀声。'此疑即宾之省。"[1] "王宾"即王宾敬之义。

5. 外壬为帝太戊次子、中丁之弟，继其兄中丁后即位为王。《殷本纪》："帝中丁崩，弟外壬立，是为帝外壬。"

## 卜辞大意

这是一条周祭外壬的卜辞。大意是壬子日贞人行占卜贞问，在世商王要宾敬先王外壬彡祭，是否有灾祸。

---

[1] 王襄：《契文举例》上，蟫隐庐石印本，1927年，第9叶上。

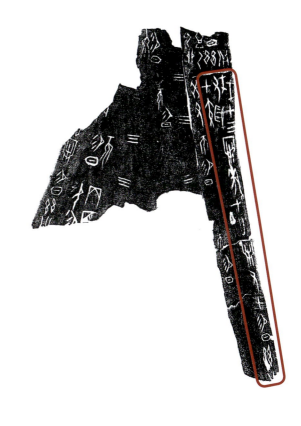

『戋甲』卜辞

甲寅，又岁戋甲三牢，羌甲二十牢又七，易日？兹〔用〕。

第四期

《甲骨文合集》32501

## 辞语解析

1. 河亶甲在甲骨文中为戋甲，作 $\Uparrow$（《合集》5342）、$\Uparrow$（《合集》22715）、$\Uparrow$（《合集》22883）、$\Uparrow$（《合集》22885）、$\Uparrow$（《合集》32501）、$\Uparrow$（《合集》35589）、$\Uparrow$（《合集》35642）等形，郭沫若谓："$\Uparrow$甲，罗末释，别有 $\Uparrow$ 字，则释为戋。云《说文解字》'戋，贼也。从二戈。'案卜辞从二戈相向，当为战争之战，乃战之初字。今案 $\Uparrow$ 亦从二戈相向，亦戋字也。戋甲当即河亶甲。"[①]

2. 易，郭沫若谓："易乃昜之借字。《说文》'昜，日覆云暂见也，从日易声'。是则'易日'犹言阴日矣。"[②]易日指天气由阴转晴。

3. 河亶甲是帝太戊子，中丁、外壬弟。他继其兄外壬即位为王。《殷本纪》："帝外壬崩，弟河亶甲立，是为帝河亶甲。河亶甲时，殷复衰。"

4. 甲骨文中的戔甲怎样变为文献中的河亶甲，《殷虚书契解诂》认为："'河'字来源，乃由于亶甲曾徙宅于'西河'之故。河亶甲犹云：'西河、亶甲也。'故亦颇多以'亶甲'直名者，如《书序》孔传云：'祖乙，亶甲子。'《正义》中作'亶甲'者，枚不胜举。……'河'字乃根本后人相加，……有形转而屡伪，则有作'整甲'者矣。"[③]

## 卜辞大意

　　这是同版、同条卜辞中祭祀戔甲、羌甲的卜辞。大意是甲寅日卜问，又杀伐三牢岁祭戔甲，杀伐二十七牢岁祭羌甲，天是否在祭时放晴。就用这一占。

---

① 郭沫若：《卜辞通纂》，科学出版社，1983年，第295页。

② 郭沫若：《殷契余论·易日解》，1933年。收入《郭沫若全集·考古编》第一卷，科学出版社，1982年。

③ 吴其昌：《殷虚书契解诂》，台北艺文印书馆，1960年，第128页。

## 『祖乙』卜辞

1 己丑卜，殻贞：王梦，惟祖乙？

2 贞：王梦，不惟祖乙？

3 己丑卜，殻贞：王梦，惟祖乙？

4 贞：王梦，不惟祖乙？

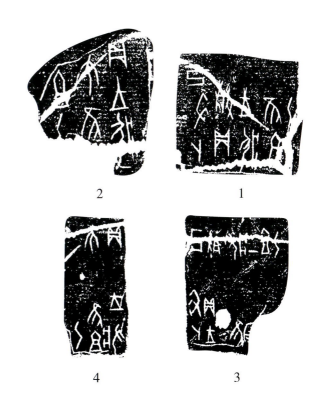

2          1

4          3

第一期

《甲骨文合集》776

## 辞语解析

1. 祖乙，作 ⊿ (《合集》183)、⊿ (《合集》301)、⊿ (《合集》1474)、⊿
   (《合集》1626)、⊿ (《合集》1652)、⊿ (《合集》2972)、⊿ (《合集》
   27185)、⊿ (《合集》32527)、⊿ (《合集》32548)、⊿ (《合集》36105)等
   形，是祖和乙字的合文。

2. 梦作 ⊿ 形，象人倚第而卧、恍兮惚兮魂交梦见之形。[①]"王梦，惟祖乙"谓语
   省略，指祖乙作祸或降灾祸。

3. 上引四条辞是两两对贞之辞。

4. 祖乙为河亶甲抑或中丁之子？《殷本纪》："河亶甲崩，子帝祖乙立。帝祖乙
   立，殷复兴。巫贤任职。"甲骨文发现后，王国维曰："根据《史记·殷本纪》
   祖乙为河亶甲之子，而非中丁子。今此片(《后》上五，即《合集》32385)中
   有中丁而无河亶甲，则祖乙当为中丁子，《史记》盖误也。"[②]据甲骨文周祭研

究成果及原则，中丁、外壬、河亶甲（甲骨文中称戋甲）、祖乙受周祭顺序，戋甲的配偶不受周祭及中丁、祖乙配偶受周祭等条件限制，中丁为直系先王，祖乙也是直系先王，故祖乙为中丁之子。

5. 祖乙时任用巫贤等治国良臣，商王朝复兴，故祖乙被尊为中宗。《太平御览》八三引《纪年》："祖乙胜即位，是为中宗。"甲骨文中，祖乙称中宗祖乙（《合集》27242、27244、《屯南》746等）；其庙还称祖乙宗（《合集》33108、34050、34082等）。

## 卜辞大意

这是两组正反对贞武丁做梦与祖乙降灾祸的占卜。大意是己丑日，贞人殸从正反两面两次占卜贞问，商王（武丁）做梦，是否为祖乙（降下灾祸）。

① 丁山：《释梦》，《中央研究院历史语言研究所集刊》，第一本第二分册，1930年。

② 王国维：《观堂集林》卷九，河北教育出版社，2001年，第284页。

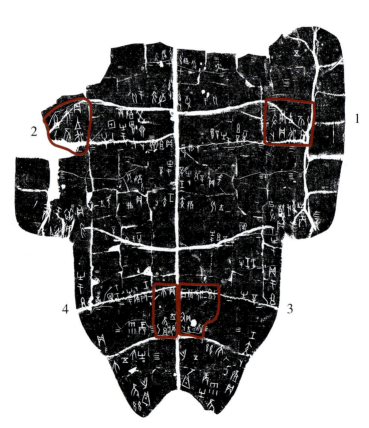

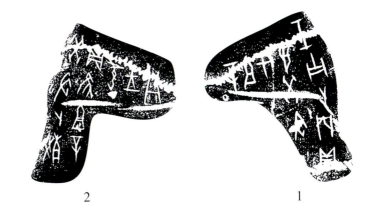

『祖辛』卜辞

1 壬子卜，内贞：翌癸丑侑于祖辛？

2 癸丑卜，㱿贞：惟祖辛壱王㞢？

3 贞：不〔惟〕祖辛壱〔王〕㞢？

2　　　　1

3

第一期

《甲骨文合集》1747正

## 辞语解析

1. 祖辛之祖，还作 (《合集》1655)、 (《合集》6952反)、 (《合集》1780正)等形；祖辛还作 (《合集》1702)、 (《合集》1712正)、 (《合集》22975)、 (《合集》32572反)、 (《合集》38225)、 (《屯南》34)等形的合文。

2. 字，钟柏生谓："可能是一种与骨有关的疾病。"[①]

3. 祖辛为祖乙之子。《殷本纪》："祖乙崩，子帝祖辛立。"

## 卜辞大意

这是占卜祭祀祖辛及祖乙降灾祸于武丁的卜辞。大意是壬子日，贞人内占卜贞问，可否翌日即第二天癸丑日向祖辛举行侑祭。癸丑日，贞人殻贞问祖辛要不要祸害商王武丁身体，使武丁患骨病。

---

① 钟柏生：《说"异"兼释与"异"并见诸词》，《"中央研究院"历史语言研究所集刊》，第五十六本第三分册，1985年，第547～551页。

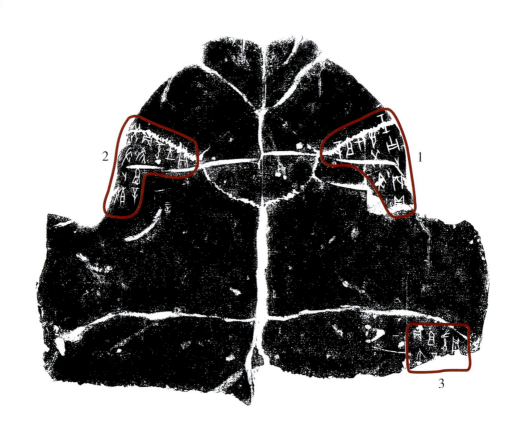

『羌甲』卜辞

癸未卜，其延登黍于羌甲？

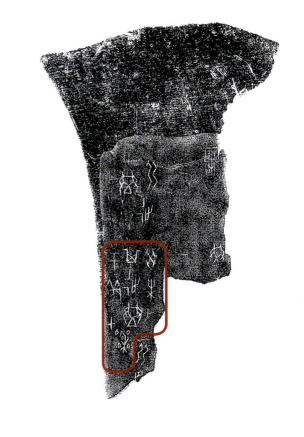

第四期

《甲骨文合集》32592

## 辞语解析

1. 羌甲，作 ＋（《合集》1075）、＋（《合集》1773 正）、＋（《合集》23018）、
＋（《合集》23023）、＋（《合集》27910）、＋（《合集》35641）、＋（《合
集》35706）、＋（《合集》36520），＋（《合集》32454）、＋（《合集》
32501）、＋（《合集》32588）、（《合集》23020）、（《合集》23027）、
（《合集》35657）、（《合集》37838）等形。郭沫若释读，谓："罗振玉释为
羊甲，谓即阳甲。今案阳甲卜辞作象甲。……此　乃苟字，非羊字也。苟乃
狗之象形文，亦即小篆之苟字。……《说文》：'苟，自急敕也。从羊省，从包
省'从口，口犹慎言也，从羊与义善美同意。"①

2. 延，为连绵之义。②还有延长、延伸等引申义。

3. 登，作⊗形，象双手奉豆进献食物以祭之形。陈梦家谓："卜辞所记登尝之礼也，当然就是当时王室所享用的粮食，因为登尝就是以新获得谷物先荐于寝庙让祖先尝新。"[3]

4. 黍，作⊗形，于省吾认为此字从齐从禾，即穧字，而穧即稷字的初文，今统称谷子，去皮叫做小米。[4]

5. 《殷本纪》所载沃甲，是甲骨文中的羌甲，羌甲之羌与卜辞中出现的作为羌族之羌的写法相同。此先王名，《殷本纪》作沃甲、《竹书纪年》作开甲。沃甲之"沃"、开甲之"开"，均是由商代"羌"字讹变的结果。沃甲（羌甲），是祖乙之子，祖辛之弟。《殷本纪》："祖乙崩，子帝祖辛立。帝祖辛崩，弟沃甲立，是为帝沃甲。"

## 卜辞大意

这是占卜祭祀羌甲的卜辞。大意是癸未日占卜贞问，可否延长登进黍（或稷）的时间、向羌甲进献新获得谷物于宗庙以便让羌甲尝新。

---

① 郭沫若：《卜辞通纂》，科学出版社，1983年，第283页。

② 郭沫若：《殷契粹编》，科学出版社，1965年，第103页。

③ 陈梦家：《殷虚卜辞综述》，中华书局，1988年，第529、530页。

④ 于省吾：《商代的谷类作物》，《东北人民大学人文科学学报》1957年第1期。

2

1

4

3

6

5

# 『祖丁』卜辞

1 乙丑卜，争贞：于祖丁御？

2 乙丑卜，争贞：勿于祖丁御？

3 于祖丁御？

4 勿于祖丁御？

5 □□卜，[宾]贞：祖丁惟省若于王？

6 祖丁惟省若于王？一二三四

第一期

《甲骨文合集》1854

## 辞语解析

1. 祖丁，作 𝌆（《合集》412正）、𝌆（《合集》903正）、𝌆（《合集》16882）、𝌆（《合集》22911）、𝌆（《合集》23016）、𝌆（《合集》35859）、𝌆（《合集》35988）、𝌆（《合集》36009）、𝌆（《屯南》2219）等形。

2. 省，有巡视之义，王襄谓："屮，故省字，……省方即《尚书·舜典》巡守之礼。"①

3. 若，为顺义，《说文解字》："若，择菜也。从艸、右。右，右手也。"又，诺"膺也。从言，若声。"罗振玉谓：卜辞诸若字，象人举手而跽足，乃象诺时巽顺之状。古诺与若为一字，故若字训为顺。古金文若字与此略同，择菜之义非其朔矣。②若还有善之义，《尔雅·释诂》："若，善也。"

4. 祖丁还称小丁，郭沫若谓："小丁当是祖丁之别号也。……妣庚乃小乙之配，在武丁之前。武丁以前，殷王之名丁者为大丁、沃丁、中丁、祖丁。沃丁乃旁系，余三丁盖以大中小为次，则小丁舍祖丁莫属矣。"③还名四祖丁，王国维云："商诸帝以丁名者，大丁第一，沃丁第二，仲丁第三，祖丁第四，则'四祖丁'即《史记》之祖丁也。"④沃丁不见于甲骨文中，说明沃丁不曾继位为王，祖丁名四祖丁者，是从报丁排起的。

5. 祖丁为祖辛之子、沃甲（羌甲）之侄。祖丁继其叔父沃（羌）甲以后即位为王。《殷本纪》："帝祖辛崩，弟沃甲立，是为帝沃甲。帝沃甲崩，立沃甲兄祖辛之子祖丁，是为帝祖丁。"

## 卜辞大意

这是占卜祭祀祖丁的卜辞。大意是乙丑日贞人争占卜贞问，是否向祖丁举行禳除灾祸的御祭。贞人宾贞问，祖丁将巡视商王武丁，是否和善对待武丁。

---

① 王襄：《簠室殷契征文》第十编，天津博物院，1925年，第1叶上。

② 罗振玉：《增订殷虚书契考释》（中），东方学会石印本影印，1927年，第56页。

③ 郭沫若：《卜辞通纂》，科学出版社，1983年，第307页。

④ 王国维：《观堂集林》，中华书局，1961年，第433页。

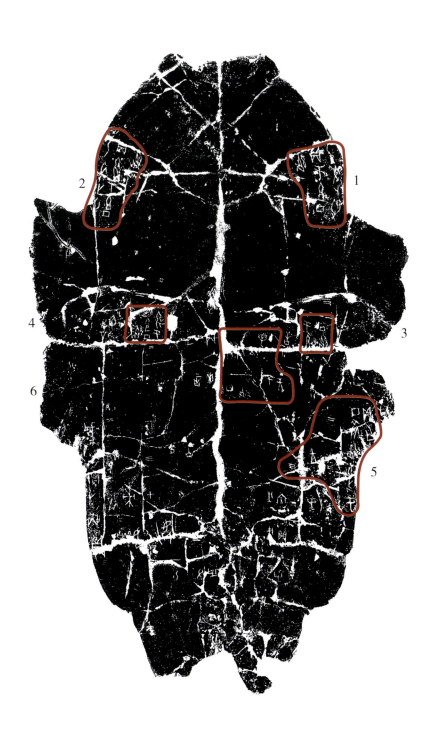

1

2

3

## 『南庚』卜辞

1 庚申卜，殻贞：昔祖丁不黍，惟南庚㞢？

2 庚申卜，殻贞：昔祖丁不黍，不惟南庚㞢？

3 王固曰：［不吉］。南庚㞢，祖丁［㞢］，大示祖乙、祖辛、羌甲㞢。

第一期

《甲骨文合集》1772正、反

## 辞语解析

1. 昔，叶玉森谓："契文昔作𣊫、𣊟，从𣱐、𣲙乃象洪水，即古巛字。从日，古人殆不忘洪水之灾，故制昔字取谊于洪水之日。"[1]

2. 南庚，为沃甲之子、祖辛之侄、祖丁之堂弟。

## 卜辞大意

　　这是占卜南庚和祖丁是否作祟的卜辞，该版释读，以张秉权的解释为宜。张秉权解释，昔指往日的意思；"不黍"大概是指黍不熟，收成不好。因为黍的歉收，而问是否是南庚和祖丁在作祟。该版的占卜还有验辞，位于腹甲背面。商王看了卜兆后，不但南庚在作祟，祖丁在作祟，而且大示中的祖乙、祖辛以及羌甲都在作祟。[2]

① 叶玉森：《说契》，北平富晋书社影印本，1929年，第2页。

② 张秉权：《殷虚文字丙编》，"中央研究院"历史语言研究所，1957年，第458页。

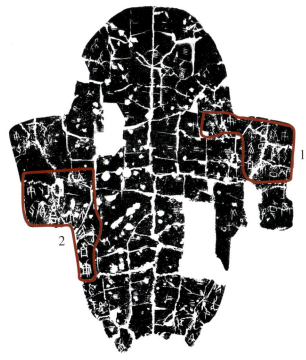

正

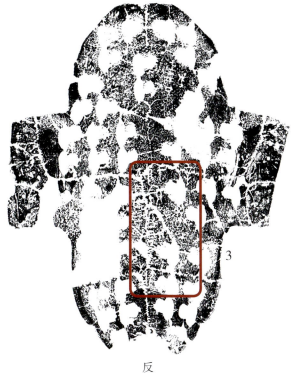

反

『大乙九示』合祭卜辞

乙丑〔卜〕，求自大乙至丁祖九示？

甲骨卜辞菁华·商王名号篇

第一期

《甲骨文合集》14881

## 辞语解析

1. 求，为祈求、请求之义。

2. "自……至……"是一介词词组。

3. 丁祖，乃祖丁之倒写。

4. 从大乙至于祖丁，共九世，有十五位商王先后继承商王位。其中直系先王九位，分别是：大乙→大丁→大甲→大庚→大戊→中丁→祖乙→祖辛→祖丁。

从这条合祭卜辞看，商代直系与旁系先王身份和地位是有区别的。

## 卜辞大意

这是合祭大乙至祖丁九位直系先王的卜辞。大意是乙丑日占卜贞问，可否向大乙至祖丁九位直系先王祈求（不要降灾祸于商王）。

『阳甲』卜辞

1 阳甲史，其延盘庚、小辛，王受佑？

2 弜延？

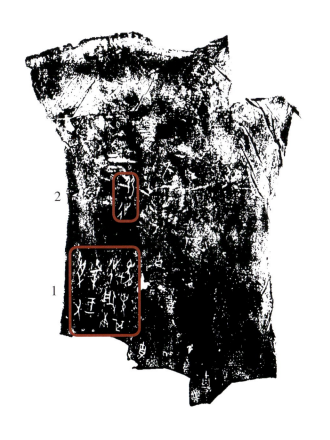

第三期

《小屯南地甲骨》738

53

一　先公先王名号

## 辞语解析

1. 阳甲之阳，作 （《合集》2098）、 （《合集》12442）、 （《合集》23088）、 （《合集》23085）、 （《合集》35744）、 （《屯南》35）、 （《屯南》3776）等形，是象字加口偏旁而成。阳甲，作 （《合集》35756）、 （《合集》35759）、 （《天理》662）等形合文。

2. 史，陈梦家谓："史为田猎之网而网上出干者，博取兽物之具也。史、事通。丫即干也。古者祭祀用牲，故掌祭祀之史即博兽之吏。……即逐也。从史所以捕之之具。又史或作 ，象建从于史上，古有干戈多建从，故知干戈单等为同类之物。"[①]史在此指祭祀之史（事）。

3. 阳甲从其堂叔父——南庚手中继承商王位，从此结束了商代中期"比九世乱"局面。《殷本纪》："帝阳甲之时，殷衰，自中丁以来，废嫡而更立诸弟子，弟子或争相代立，比九世之乱，于是诸侯莫朝。"[②]

## 卜辞大意

这是祭祀阳甲、盘庚、小乙的卜辞。大意是阳甲祭祀之事是否将延伸至盘庚、小辛祭祀之时，商王是否会受到保佑。

---

[①] 陈梦家：《史字新释》，《考古（社刊）》1936年第5期，第7~12页。

[②] 崔述在《商考信录》中谓："自中丁以来，有外壬、河亶甲、祖乙、祖辛、沃甲、祖丁、南庚至阳甲，正得九世。"

## 『盘庚』卜辞

庚戌卜，扶：夕侑盘庚伐，卯牛？

第一期

《甲骨文合集》19798

## 辞语解析

1. 盘庚，作、、、、、、、、、、、、等形，是凡（盘）与庚字的合文。盘庚在武丁卜辞中称父庚（《合集》775反等），在祖庚、祖甲卜辞称祖庚（《合集》22186、23109）。商殷帝王之名庚者有太庚、南庚、盘庚、祖庚四人，盘庚位列第三，故盘庚还称"三祖庚"（《合集》22188）。

2. 盘庚继其兄——阳甲后即商王位。他即位之后，自奄迁于殷，为商王朝后期的发展奠定了坚实基础。《殷本纪》："帝阳甲崩，弟盘庚立，是为帝盘庚。帝盘庚之时，殷已都河北，盘庚渡河南，复居成汤之故居。乃五迁，无定处。殷民咨胥皆怨，不欲徙。盘庚乃告谕诸侯大臣曰：'昔高后成汤与尔之先祖俱定天下，法则可修。舍而弗勉，何以成德！'乃遂涉河南，治亳，行汤之政，然后百姓由宁，殷道复兴。诸侯来朝，以其遵成汤之德也。"殷即殷墟，位于今河南省安阳市小屯一带，1899年甲骨文的发现及90多年的殷墟考古，证实了这里是商代后期的都城。

## 卜辞大意

这是祭祀商王盘庚的卜辞。大意是庚戌日，贞人扶占卜贞问，夕时侑祭盘庚杀伐人牲并开剖牛牲祭祀可行与否。

## 『小辛』卜辞

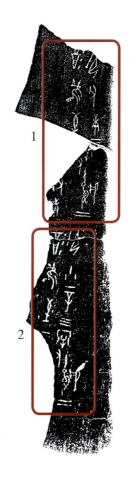

1 御父庚三牢，又戣二，酌萑至□父庚？

2 御小辛三牢，又戣二，酌萑至……一

第一期
《甲骨文合集》21538乙

---

## 辞语解析

1. 小辛，作🔸（《东京》700）、🔸（《合集》23077）、🔸（《合集》23107）、🔸（《合集》32612）、🔸（《英藏》2246）等形，武丁卜辞中，小辛称父辛（《合集》2131）。

2. 戣，字作🔸形，从奚从戊。《诂林》："卜辞多用作动词，乃杀牲之法，字象以钺斩杀人首分离之形，所从之二，……在此示身首之异处。……被'戣'之牲，亦可谓之'戣'。"①

3. 萑，字作🔸形，陈梦家所释。谓："《说文》曰：'萑，鸱属，从隹……，有毛角，读若和。'又曰：'蒦，规蒦，商也。从又持萑'；'穫，刈谷也，从禾蒦声'。卜辞之萑，即穫之初文。"②根据卜辞中该字的用法，萑借为禘灌之灌。③

4. 父庚，乃盘庚，武丁对父辈称呼作"父+干支"之句法，如阳甲称父甲（《合集》21538甲）等。该版是一版子组卜辞的甲骨。常耀华考证该子组卜辞主人为小辛之子。④

5. 小辛为祖丁之子，阳甲、盘庚之弟，继盘庚后即商王位。小辛时，国家又一次衰亡。《殷本纪》："帝盘庚崩，弟小辛立，是为帝小辛。帝小辛立，殷复衰，百姓思盘庚，乃作《盘庚》三篇。"

## 卜辞大意

这是子组卜辞中祭祀盘庚和小辛的两条卜辞。

1.（小辛之子）用三牢御祭父庚（盘庚），又杀伐牺牲两个，用酒灌祭至于父庚，可行与否。

2.（小辛之子）用三牢御祭小辛，又杀伐牺牲两个，用酒灌祭至于……

① 于省吾：《甲骨文字诂林》，中华书局，1996年，第3190页。

② 陈梦家：《殷虚卜辞综述》，中华书局，1988年，第535页。

③ 金祥恒：《释㸦》，《中国文字》第六卷，1967年，第2790～2810页。

④ 常耀华：《殷墟甲骨非王卜辞研究》，线装书局，2006年。

## 『小乙』卜辞

乙巳，贞：酌彡其舌小乙？兹用。日有
哉？夕告于上甲九牛？二

第四期
《甲骨文合集》33696

## 辞语解析

1. 舌，为祭名，也指用牲之法，于省吾谓："毛、舌、秬三字均应读作磔，是就祭祀肢解牲体言之。"①

2. 小乙，在卜辞中作 𝆺（《合集》1662）、𝆺（《合集》27094）、𝆺（《合集》31955）、𝆺（《合集》34545）、𝆺（《合集》35806）等形。

3. 哉，在卜辞中的用法有多种，于省吾指出："膱即脯脡，指曝晒的干肉"，是用"曝晒牛牲的干肉以为祭品"，"甲骨文言哉，指大牲的牛或牢言之。"②常玉芝谓："'日'是指白天，'𝆑'应读作'夕'，是指黑夜，'又哉'是指用'曝晒牛牲的干肉'进行祭祀。"③

4. 小乙在武丁卜辞中多数称父乙，受到祭祀的次数最多（《合集》712等），祖庚祖甲卜辞中称毓祖乙（《合集》22943等），郭沫若谓："卜辞多见毓（后）祖乙之名，乃小乙之别称。……父丁者，武丁。在祖乙、祖辛之次，在武丁之前，则毓祖乙自非小乙莫属。"[4]简称毓祖，[5]也称小祖乙（《合集》23171、32599），[6]还称内乙。[7]

## 卜辞大意

　　这是一条祭祀小乙的卜辞。大意是乙巳日占卜贞问，可否用肜、彡祭祀，将肢解牲体祭武丁之父小乙。就用此占卜。白天用牛牲的干肉进行祭祀，乙巳日的夜间用九牛告祭于上甲，可行与否。

---

① 于省吾：《甲骨文字释林》，中华书局，1979年，第168页。

② 于省吾：《甲骨文字释林》，中华书局，1979年，第182页。

③ 常玉芝：《殷商历法研究》，吉林文史出版社，1998年，第130页。

④ 郭沫若：《殷契粹编》，科学出版社，1965年，第438页。

⑤ 裘锡圭：《裘锡圭学术文集·甲骨文卷》，复旦大学出版社，2015年，第410页。

⑥ 郭沫若：《卜辞通纂》，科学出版社，1983年，第271页。

⑦ 陈梦家：《殷虚卜辞综述》，中华书局，1988年，第417页。

## 『武丁』卜辞

1 丁丑卜，贞：王宾武丁，伐十人，卯三牢，衁□［卣］［亡尤］？

2 庚辰卜，贞：王宾康祖庚，伐二人，卯二牢，衁□［卣］，亡尤？

3 □□卜，贞：王［宾］康祖丁，伐□人，卯二牢，衁二卣，亡尤？

4 丁酉卜，贞：王宾文武丁，伐三十人，卯六牢，衁六卣，亡尤？

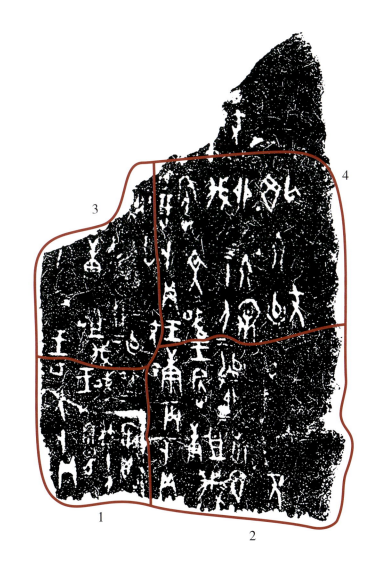

第五期

《甲骨文合集》35355

## 辞语解析

1. 武丁，作（《补编》10977）、（《补编》11027）、（《补编》11011）、（《合集》35819）、（《合集》35838）、（《合集》35906）等形。武丁在祖庚、祖甲卜辞中，称父丁，作（《合集》22199）、（《合集》22583）、（《合集》22860）等形。还称毓祖丁（《合集》27320）等。

2. 鬯，是用黑黍酿制之酒调和芬芳郁金香草而成，文献中称秬鬯，《诗经·大雅·江汉》"秬鬯一卣"。毛传："秬，黑黍也。鬯，香草也。筑煮合而郁之曰鬯。卣，器也。"郑玄笺："秬鬯，黑黍酒也。谓之鬯者，芬香条鬯也。"[1]

3. 卣，是盛放鬯酒之容器，《左传》僖公二十八年孔颖达疏引李巡曰："卣，鬯之罇也。"[2]甲骨文中，鬯三卣（《合集》1069）、鬯十卣（《屯南》504）、十卣又五卣（《屯南》110）之固定词组，与金文、典籍中"秬鬯一卣"（《集成》8.4319，《三年师兑簋》）"秬鬯一卣"（《诗·大雅·江汉》）所载用法相同。

4. 康祖庚即武丁之子祖庚，康祖丁即祖甲之子康丁，文献中称康丁，文武丁即文献中的文丁。

## 卜辞大意

　　这是一版"王宾"卜辞。大意是丁丑日占卜，商王帝乙宾敬武丁，杀伐十个人牲，开剖三牢，用□卣鬯酒以祭，是否有灾祸。同旬庚辰日占卜贞问，商王宾敬康祖庚，杀伐二个人牲，开剖二牢牲，用□卣鬯酒以祭，是否有灾祸。根据此类卜辞占卜，残掉的干支日当为丁亥日，辞义为丁亥日商王宾敬康祖丁，杀伐□个人牲，开剖二牢，用二卣鬯酒以祭，是否有灾祸。丁酉日占卜贞问商王宾敬文武丁，杀伐三十个人牲，开剖六头牢牲，用六卣鬯酒以祭，是否有灾祸。

---

[1] 阮元校刻：《十三经注疏》，中华书局，1980年，第574页。

[2] 刘文淇：《春秋左氏传旧注疏证》，科学出版社，1959年，第425页。

## 『父己、父庚』卜辞

丁亥卜，其祝父己、父庚一牛？

局部

第三期

《小屯南地甲骨》2742

## 辞语解析

1. 祝，作 🧎 形，王襄谓："古祝字。"[②] 祝字从跪立人从口，口偏旁在跪立人上部，指事人跪立而口中有所祷告之义。

2. 父己，在武乙之后称祖己。祖己作 🝖（《东京》704）、🝖（《合集》32657）、🝖（《合集》35865）、🝖（《合集》35867）、🝖（《合集》35872）等形。在祖庚、祖甲卜辞中，称兄己，作 🝖（《合集》23354）、🝖（《合集》23335）、🝖（《合集》22275）、🝖（《合集》22276）、🝖（《合集》23479）等形。在康丁卜辞中，称父己，作 🝖（《合集》27013）、🝖（《合集》27395）、🝖（《合

集》27396）、∪（《合集》27400）、∂（《合集》27407）、∫（《屯南》2374）等形。

3. 父庚，在武乙之后称祖庚。祖庚作₪（《补编》11048）、₪（《合集》35866）、₪（《合集》35878）、₪（《合集》35881）等形。祖庚在祖甲卜辞中称兄庚，作₪（《合集》23085）、₪（《合集》23351）、₪（《合集》23480）、₪（《合集》23484）、₪（《合集》23517）等形。在康丁卜辞中称父庚，作₪（《合集》27310，其中，庸之上部庚与父庚之庚共用）、₪（《合集》27416）、₪（《合集》27422）、₪（《合集》27423）、₪（《合集》27424）、₪（《屯南》957）、₪（《怀特》1374）等形。称小庚（《合集》31956），《诂林》谓："应是武丁之子祖庚。"[1]

4. 祖己在武丁时期的卜辞中，称小王（《合集》5029、5030、5031），在出组卜辞中称兄己（《合集》23477），康丁卜辞中称小王父己（《合集》28278）、父己（《合集》27415、27417），在黄组卜辞中称祖己（《合集》35862、35866、35872）等。小王在武丁时期，曾参与田猎，但也有其受祭祀的卜辞内容，说明他在武丁时期已经去世。祖庚祖甲卜辞中他被称为兄己并受祭祀。在康丁卜辞中称父己，在帝乙帝辛卜辞中称祖己。该祖己是典籍中的武丁之子——孝己。他在甲骨文中出现，为研究商代太子制度奠定了坚实基础。

祖己即武丁太子，文献中称孝己，见于先秦秦汉典籍中，如《荀子·性恶》《庄子·外物》《吕氏春秋·必己》《尸子》《世说新语》《帝王世纪》等。然《殷本纪》中却没有其记载。甲骨文中有其人，说明先秦秦汉典籍中的记载必有出处。

## 卜辞大意

这是一条合祭武丁之子祖己、祖庚的卜辞。大意是丁亥日占卜，商王康丁将用一牛牲为祭品向父己、父庚祷告祈福，可行与否。

---

[1] 于省吾：《甲骨文字诂林》，中华书局，1996年，第3548页。

[2] 王襄：《簠室殷契类纂》正编卷一，天津博物院，1920年，第2页。

『父甲』卜辞

1 于小乙求？
2 于祖丁求？
3 于父己求？
4 于父甲求？

第三期

《甲骨文合集》27348

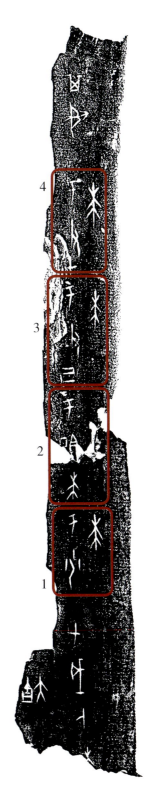

一 先公先王名号

## 辞语解析

1. 祖甲，作 ☖（《合集》35741）、☖（《合集》35901）、☖（《合集》37868）等形，康丁卜辞中，祖甲称父甲，作 ☖（《合集》27041）、☖（《合集》27369）、☖（《合集》27482）、☖（《合集》30283）、☖（《屯南》2557）等形。

2. 该版甲骨是商王康丁之占卜，小乙即武丁之父，祖丁即武丁，父己即武丁之子孝己，父甲即武丁之子、康丁之父祖甲。

3. 《殷本纪》载武丁有两个儿子即祖庚、祖甲相继为王，太子孝己则不见记载，谓："帝武丁崩，子帝祖庚立。……帝祖庚崩，弟祖甲立，是为帝甲。帝甲淫乱，殷复衰。"

## 卜辞大意

这是一版祭祀武丁之小乙、武丁、武丁之子孝己、祖甲的占卜。大意是商王康丁向小乙、武丁、孝己、祖甲祈求（降福或消灾）。

『康祖丁』等合祭卜辞

甲辰卜，贞：王宾求祖乙、祖丁、祖甲、康祖丁、武乙衣，亡尤？

第五期

《甲骨文合集》35803

## 辞语解析

1.《殷本纪》中的庚丁是甲骨文中的康丁。武乙卜辞中称父丁，作𝄞（《合集》32467）、𝄞（《合集》32703）、𝄞（《合集》32707）等形。帝乙帝辛时期称康祖丁，作𝄞（《合集》35955）、𝄞（《合集》35966）、𝄞（《合集》35968）、𝄞（《合集》35970）、𝄞（《合集》36019）、𝄞（《合集》38228）、𝄞（《英藏》2514）、𝄞（《英藏》2517）、𝄞（《合集》35889）、𝄞（《合集》35958）、𝄞（《合集》35959）、𝄞（《合集》35960）、𝄞（《合集》35964）等形。康祖丁简称康，作𝄞（《合集》36281）形，还简称康丁，作𝄞（《合集》36290）形。纵观甲骨文中康字写法，有时省略庚下小点，这是导致康丁之康讹变成后世文献中的庚丁之庚的客观原因。

2. 康丁为祖甲之子，继承其父之王位。《殷本纪》："帝甲崩，子帝廪辛立。帝廪辛崩，弟庚丁立，是为帝庚丁。"《殷本纪》载祖甲有廪辛、康丁两子相继为王，然甲骨文中不见廪辛踪迹，由此判断，廪辛未曾即王位。

3. 衣，为罗振玉释读，谓："《说文解字》：'衣，象覆二人之形。'案：衣无覆二人之理。段先生谓'覆二人，则贵贱皆覆'，其言亦纡回不可通。此盖象襟衽左右掩覆之形，古金文正与此同，又有衣中着人者，亦衣字。"[1]王国维谓："衣为祭名，未见古书。潍县陈氏所藏尖丰敦：'王衣祀于丕显考文王'，案衣祀即殷祀。……惟卜辞为合祭之名。"[2]

## 卜辞大意

这是一条"王宾"合祭卜辞。大意是文丁恭敬地祈求对小乙、武丁、祖甲、康丁、武乙合祭，是否会有灾祸。

① 罗振玉：《增订殷虚书契考释三卷》（中），东方学会石印本影印，1927年，第42页。

② 王国维：《殷礼徵文》，《王国维遗书》第九册，上海古籍出版社，1983年。

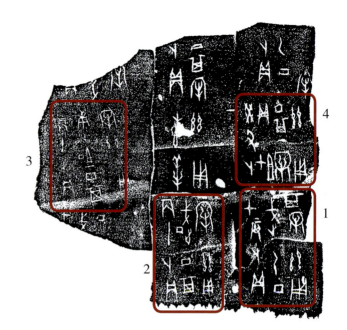

『武乙』祊祭卜辞

1 甲辰卜，贞：武乙祊其牢？兹用。

2 丙午卜，贞：武丁祊其牢？兹用。

3 丙午卜，贞：康祖丁祊其牢？兹用。

4 癸丑卜，贞：祖甲祊其牢？兹用。

第五期

《甲骨文合集》35837

甲骨卜辞菁华·商王名号篇

## 辞语解析

1. 武乙，为康丁之子，《殷本纪》："帝庚丁崩，子帝武乙立。武乙猎于河渭之间，暴雷，武乙震死。"武乙时期，位于商王朝西部地区的周人势力逐渐强大，然武乙因田猎时发生意外，死于周人的势力范围——河、渭之间。

2. 祊，作□形，杨树达谓："余疑□字象东南西北四方之形，乃四方或方国之方本字。□或作匚，乃四方省为三方之省形字也。国字从□，……《说文》读若方，知不省形之□亦当读如方矣。"① 屈万里谓："甲骨文丁与祊皆作□，字形无殊。此□字则当读为祊。祊即《诗·楚茨》：'祝祭于祊'之祊；《说文》所谓门内祭也。"②

祊祭属于文丁、帝乙时期的占卜，它祭祀武丁、祖甲、康祖丁、武乙、文丁及文武丁之配母癸……卜祭日均比祖先的日干名提前一天，这是"祊祭"卜辞所特有的规律。[③]其致祭次序依先王名在旬中（即由甲至癸十日）的位次而定，与先王的世次与继位顺序无关。……祊祭是正祭之前的仪节。[④]上引的祊祭卜辞是文丁时期的祭祀占卜。

## 卜辞大意

这是一版祊祭卜辞。

1.甲辰日占卜贞问对武乙可否用牢牲祊祭。

2~3.丙午日对武丁、康祖丁可否用牢牲祊祭。

4.癸丑日对祖甲可否用牢牲进行祊祭。

---

① 杨树达:《积微居甲文说》卷上，中国科学院，1954年，第42页。

② 屈万里:《殷虚文字甲编考释》，台北"中央研究院"历史语言研究所，1961年，第3页。

③ 常玉芝:《说文武帝——兼略述商末祭祀制度的变化》，《商代周祭制度》，线装书局，2009年，第431、435页。

④ 葛英会:《附论祊祭卜辞》，《殷都学刊》1999年第3期。

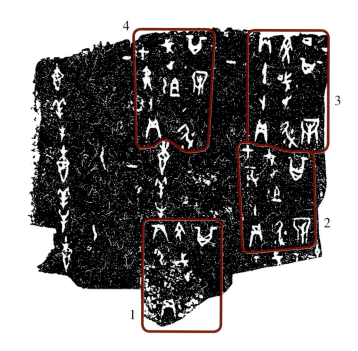

## 『文武丁』祔祭卜辞

1 丙申卜，贞：文武丁［升祔］其「牢」？

2 甲辰卜，贞：武祖乙升其牢？

3 丙午卜，贞：文武丁升祔其牢？

4 甲寅卜，贞：武祖乙升其牢？

第五期

《甲骨文合集》36115

## 辞语解析

1.升，叶玉森释读。[①]于省吾释读为必，即为祀神之室。必与祕或宓均为祀神之室。……宓祀谓之密室祭祀也。……《说文》："宓，安也。"《淮南子·览冥》："宓穆休于太祖之下。"高注："宓，宁也。"安与宁义同。奉神主于深室，自由安宁之义。典籍之宓与祕亦作閟。《诗·閟宫》："閟宫有侐。"毛传："閟，闭也。"郑笺："閟，神也。"《说文》："閟，闭门也。"又"祕，神也。"徐错曰："祕不可宣也。祕之言闭也。"按毛传训閟为闭，与《说文》"闭门"之训符。郑笺训閟为神，是读閟为祕也。宓、閟与闭义本相涵，神宫幽邃，故言閟也。……宓密为古今字。[②]

2. 武乙在此称祖，说明占卜贞问者是孙或曾孙，因祊祭卜辞只在文丁、帝乙时期出现，故占卜者只能是帝乙。《殷本纪》中，武乙之子称太丁。他在甲骨文中称文武丁（《合集》35822）、文武（《合集》36128）、文武帝（《合集》36168）等。他的宗庙称文武宗（《合集》36149）、"文武丁宗"（《合集》36094）。根据文献记载，文丁时，西部的周族日益强大，周公季历被任命为殷牧师，镇守西土。因周族势力壮大，威胁到商王朝边境安全，故文丁杀季历。季历之子文王即位后，周人势力更加壮大，为推翻商王朝的统治奠定了基础。武祖乙称谓的祊祭卜辞，常玉芝谓："一是对康丁、武乙都称'祖'；二是对文丁不称'祖'，而是称'文武丁''文武'。……对文丁不称'祖'的就只能是其子帝乙。……带有'武祖乙'、文丁各称谓的祊祭卜辞都是武乙之孙、文丁之子帝乙的卜辞。"③

## 卜辞大意

这是一版祊祭卜辞。

1. 丙申日占卜贞问，可否在宓室神宫对文武丁祊祭。

2. 下旬的甲辰日占卜贞问，可否在宓室对武祖乙祊祭。

3. 丙午日占卜贞问，可否在宓室神宫对文武丁祊祭。

4. 下旬的甲寅日占卜贞问，可否在宓室对武祖乙祊祭。

---

① 叶玉森：《殷契钩沉》，北平富晋书社，1919年，第6页。

② 于省吾：《甲骨文字释林》，中华书局，1979年，第38~40页。

③ 常玉芝：《商代周祭制度》，线装书局，2009年，第451页。

附：『文武帝乙』方鼎铭文

乙未王宾文武帝乙彡日，自阑俑，王返入阑。王商版贝，用作父丁宝尊彝。在五月。惟王廿祀又二。

版方鼎青铜器及铭文
帝辛时期

······

## 辞语解析

1. 文武帝乙及帝辛（商纣王）名号，不见于殷墟出土的甲骨文中。传出土于殷墟的《四祀邲其卣》铭文中也有"文武帝乙"，周原岐山凤雏的卜甲（《周原甲骨文》，H11：1）上，也有"文武帝乙"称号。青铜器铭文中的"文武帝乙"即文献中的帝乙。

2. 阑，是阑大室的省称。

3. 版，是作版方鼎的主人。版收到商王帝辛赏赐，以此为荣耀，作了一件祭祀其父父丁的宝尊彝。

4. "王廿祀又二"中的王，指帝辛，廿即二十的合文。祀指年，《尔雅·释天》："夏曰岁，商曰祀，周曰年，唐虞曰载"，大多数学者据此认为，甲骨文和铜器铭文中"惟王几祀"的"祀"就是"年"，所谓"惟王几祀"即时王几年。"王廿祀又二"义为帝辛二十二年。

## 铭文大意

这是帝辛时期的青铜器铭文。大意是乙未日商王帝辛对其父文武帝乙举行彡日祭，从阑大室称举后开始，到文武帝乙宗庙结束，然后返回重新到阑大室。在此次祭祀活动中，商王赏赐版贝，版以此为荣耀，作其父宝尊彝方鼎以纪念。时间是五月。这年为帝辛二十二年。

# 二 商王世次

殷墟甲骨文发现后，学者们注意到甲骨文中有一种祭祀，以翌、祭、壹、舂、乡五种祀典轮番祭祀自上甲以来的直系、旁系先王及直系先王配偶。祭祀一周，大约是36旬或37旬，即360天或370天时长。董作宾称其为"五祀统"，陈梦家称之为"周祭"。后岛邦男、许进雄、常玉芝等对此又进行深入研究，基本缕清了这类卜辞的特征、性质与内涵。对此简要总结于下：

周祭卜辞仅存于出组与黄组卜辞中。是以翌、祭、壹、舂、乡五种祀典轮番祭祀，[①] 祭祀对象是自上甲以来的直系、旁系先王及直系先王配偶。[②] 陈梦家称它为"周祭"。[③] 常玉芝谓："黄组和出组的周祭卜辞，都是不管其卜辞文例如何，祀典如何，先王先妣的祭祀次序都是不变的。"[④] 并排出了《先王先妣祀序表》。[⑤] 周祭规则有：（一）周祭先王时，祭日的天干日必与王名一致，周祭先妣时，祭日的天干日必与妣名一致。（二）周祭先王是以其即位次序的先后安排进行的，先即位为王者先被祭祀，后即位为王者后被祭祀。（三）先王无论直系、旁系，甚至虽曾立为太子，但未及即位者全部予以祭祀；先妣却是只有直系先王的配偶，并曾立为王后者才能入祀，祭祀次序的安排又都是以所配先王的次序为准的；对近世直系先王还特别进行单独祭祀。（四）周祭先公自上甲开始；先王从大乙开始；先妣自示壬之配妣庚开始。[⑥]

该部分以周祭原则为准，展示甲骨文中先王、先妣的周祭顺序。

二 商王世次

---

① 其中，乡、翌、舂，又或作乡日、翌日、舂日。董作宾认为："乡为鼓乐之祀，翌为舞羽之祀，祭则用肉，壹则用食（黍稷），而舂为合祭，盖于最后联合他种祀典而一并举行也。"（《殷历谱》上编卷1，第3页）。

② 董作宾：《殷历谱》，"中央研究院"历史语言研究所，1992年，第80页。

③ 陈梦家：《殷虚卜辞综述》，中华书局，1988年，第373页。

④ 常玉芝：《商代周祭制度》，线装书局，2009年，第36页。

⑤ 常玉芝：《商代周祭制度》，线装书局，2009年，第88页。

⑥ 常玉芝：《商代周祭制度》，线装书局，2009年，第20、408、70页。

## 先王先妣祀序表

| | 甲 | 乙 | 丙 | 丁 | 戊 | 己 | 庚 | 辛 | 壬 | 癸 |
|---|---|---|---|---|---|---|---|---|---|---|
| 第一旬 | 上甲 | 报乙 | 报丙 | 报丁 | | | | | 示壬 | 示癸 |
| 第二旬 | | 大乙 | | 大丁 | | | 示壬奭妣庚 | | | |
| 第三旬 | 大甲<br>示癸奭妣甲 | | 外丙<br>大乙奭妣丙 | | 大丁奭妣戊 | | 大庚 | 大甲奭妣辛 | 大庚奭妣壬 | |
| 第四旬 | 小甲 | | | | 大戊 | 雍己 | | | | |
| 第五旬 | | | | 中丁 | | 中丁奭妣己 | | | 大戊奭妣壬<br>外壬 | 中丁奭妣癸 |
| 第六旬 | 戔甲 | 祖乙 | | | | 祖乙奭妣己 | 祖乙奭妣庚 | 祖辛 | | |
| 第七旬 | 羌甲<br>祖辛奭妣甲 | | | 祖丁 | | 祖丁奭妣己 | 南庚<br>祖丁奭妣庚 | | | |
| 第八旬 | 阳甲 | | | | | | 盘庚 | 小辛 | | |
| 第九旬 | | 小乙 | | 武丁 | | 祖己 | 祖庚<br>小乙奭妣庚 | 武丁奭妣辛 | | 武丁奭妣癸 |
| 第十旬 | 祖甲 | | | 康丁 | 武丁奭妣戊<br>祖甲奭妣戊 | | | 康丁奭妣辛 | | |

注：引自常玉芝《商代周祭制度》第110页。常玉芝先生引用的甲骨文图版与该书引用的图版内容，有相同者，也有不同者，然得出的先王、先妣的祭祀次序全部相同，说明商代周祭卜占下留下来的文字，蕴涵着商代严格的祭祀原则。

# 周祭中的商先王先妣世次

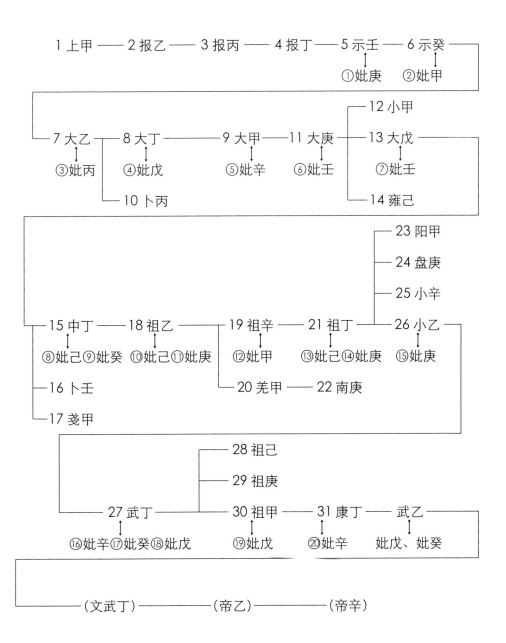

# 《史记·殷本纪》中的商王世次

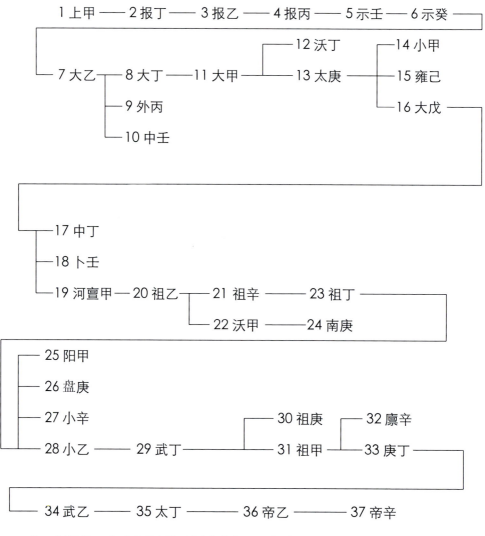

注：根据常玉芝《商代周祭制度》（中国社会科学出版社，1987年，第134、135页）同名表制。

# （一）上甲等先公周祭

祖甲时期的周祭以祖庚为止。先妣周祭以康丁之配妣辛为止。根据金文材料，先王周祭以帝乙为止（帝辛二十二年《版方鼎》为据）。下列几版甲骨，可排出周祭商先公先王的祭祀顺序。它与《殷本纪》商王世系对应得出的商王世系，是历史上真实的商王世次。商先王之间的辈分是学者在周祭先公先王次序的基础上，依据《殷本纪》等先秦典籍考订的。

『上甲』等周祭刻辞

甲戌翌上甲，乙亥翌报乙，丙子翌报丙，［丁丑翌］报丁，壬午翌示壬，癸未翌示癸，［乙酉翌大乙］，［丁亥］翌大丁，甲午翌［大甲］，［丙申翌卜丙］，［庚子］翌大庚。

第五期

《甲骨文合集》35406

## 辞语解析

1.翌祭，是五种祭祀之一。该版翌祭对象是从上甲至大庚所有曾即位为王的商先公先王及曾立为太子而没有即位的大丁。董作宾认为该版"当是练习书契者之所为，练习者必有蓝本，其蓝本为何，盖第五期祭祀时之'典册'与？"[①]

2. 第一句甲戌旬祭祀对象与顺序是上甲→报乙→报丙→报丁→示壬→示癸。

3. 第二句是在甲戌旬的下旬——甲申旬，根据周祭原则，可补残辞［乙酉翌大乙，丁亥］。第二句祭祀对象与顺序是大乙→大丁。

4. 第三句是甲申旬的下旬——甲午旬，根据周祭原则，可补残辞［大甲丙申翌卜丙，庚子］，第三句祭祀对象是大甲→外丙→大庚。外丙应补在第二句还是第三句，下辞讨论。

5.《合集》32384版甲骨是一版合祭卜辞，其合祭之顺序与该版中周祭"上甲→报乙→报丙→报丁→示壬→示癸"的顺序一致，由此，上甲六世的继位顺序与祭祀顺序相重合。

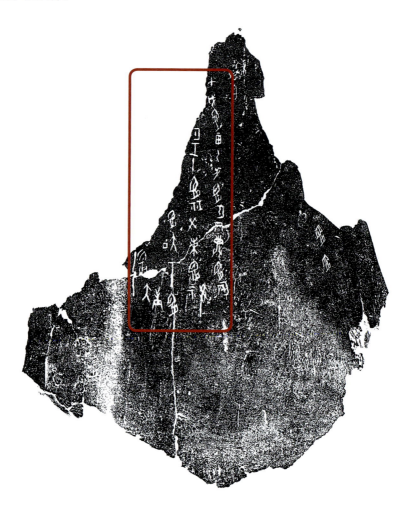

## 卜辞大意

这是一条周祭卜辞。大意是甲戌翌祭上甲，乙亥翌祭报乙，丙子翌祭报丙，[丁丑翌祭]报丁，壬午翌祭示壬，癸未翌祭示癸，[乙酉翌祭大乙]，[丁亥]翌祭大丁，甲午翌祭[大甲]，[丙申翌祭卜丙]，[庚子]翌祭大庚。它不是占卜刻辞，可能是练习者刻写的自上甲至大庚翌祭的典册。

---

① 董作宾:《殷历谱》,台北"中央研究院"历史语言研究所,1992年,第77页。

## 『翌自上甲』卜辞

1 癸丑卜，王贞：旬亡国？在四月。甲寅酚翌自上甲。

2 癸亥卜，王贞：旬亡国？乙丑翌日于大乙。在五月。

3 ［癸酉卜，王贞：旬亡国？在五月，甲戌翌］大甲。

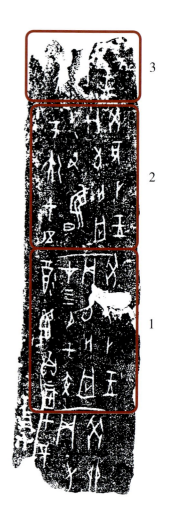

3
2
1

第二期
《甲骨文合集》22669

## 辞语解析

1. 常玉芝谓："该版有连续两旬的卜问，第一旬于癸丑日卜问第二天甲寅日'酚翌自上甲'，即行翌祭从上甲开始，自上甲开始祭到哪一王为止呢？这由下一旬（即癸亥日卜问的一旬）的记录可得到答案，……上一旬的祭祀到大乙之前的先王为止。……在上甲之后、大乙之前受祭的先王依次是报乙、报丙、报丁、示壬、示癸。"① 即在甲寅旬要依次祭报乙、报丙、报丁、示壬、示癸六位先公。与《合集》35406版中第一旬祭上甲等六位先公一致。

2. 王国维在《殷卜辞中所见先公先王续考》中，将《后上》第8页中的一片与哈同拓本中的一片拼合（即《合集》32384），纠正了《殷本纪》所载的报丙、报乙、报丁的世系顺序。王国维的结论被后来甲骨文周祭研究成果所证实，即指上甲六世的祭祀顺序与继位顺序一致，《史记·殷本纪》所载有误。

## 卜辞大意

这是一版周祭卜辞。大意是癸丑日商王占卜贞问该旬是否有灾祸，在四月。下旬甲寅日彡、翌日祭从上甲开始。第二旬癸亥日商王占卜贞问该旬是否有灾祸。下旬即甲子旬的乙丑日翌日祭大乙，在五月。癸酉日商王占卜贞问该旬是否有灾祸，在五月。下旬的甲戌日翌日祭大甲。

---

① 常玉芝：《商代周祭制度》，线装书局，2009年，第14页。

# （二）大乙等先王周祭

大乙即成汤，是商王朝的开国之君。也是被商后世子孙周祭的第一位先王。帝辛是商王朝的亡国之君，因他是主祭者，所以其名号不见于甲骨文、金文中。

『大乙、大丁』等周祭卜辞

9　8　7　6　5　4　3　2　1

9　丁巳卜，尹贞：王宾父丁彡，无［尤］？在三月。

8　丁酉卜，尹贞：王宾祖丁彡，亡尤？在二月。

7　［辛］卯卜，尹［贞］：王宾祖辛彡，亡尤？

6　乙酉卜，尹贞：王宾中丁彡，无［尤］？

5　丁丑卜，尹贞：王宾中丁彡，亡尤？

4　庚申卜，尹贞：王宾［大庚］彡，亡尤？

3　甲寅卜，尹贞：王宾大甲彡，亡尤？在正月。

2　丁未卜，尹贞：王宾大丁彡，亡尤？

1　乙巳卜，尹贞：王宾大乙彡，亡尤？在十二月。

第二期
《甲骨文合集》22723

## 辞语解析

1. 根据周祭原则和同版卜辞之间的系联，不管用翌、祭、𧊒、劦、彡哪种周祭，先王（和先妣）的祭祀次序都是一样的。该版甲骨是周祭之一——彡祭。祭祀对象是自大乙至父丁（武丁）九位直系先王。

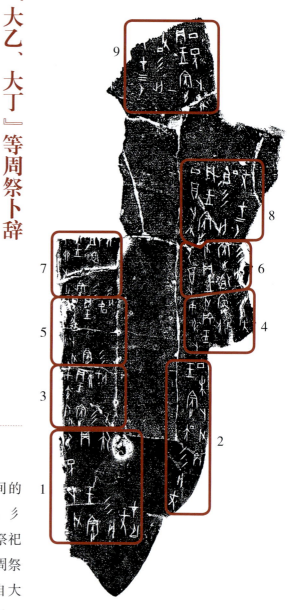

2. 以《合集》22669、22723两版祭祀先公先王祭祀次序为顺序，第一旬祭祀上甲至示癸六示。第二旬以祭大乙开始。接《合集》35406、22669上两版，此版祭大乙、大丁为第二旬。

甲辰旬　第二旬　大乙→大丁

甲寅旬　第三旬　大甲→大庚

甲子旬　第四旬

甲戌旬　第五旬　中丁

甲申旬　第六旬　祖乙→祖辛

甲午旬　第七旬　祖丁

甲辰旬　第八旬

甲寅旬　第九旬　父丁（武丁）

从以上旬序看，该版九条辞，时间横跨八旬，共祭九位直系先王。以此版中大乙至父丁（武丁）先王为主线索，看其他先王与这几位先王在时间顺序上的关系。

## 卜辞大意

这是一版周祭直系先王的卜辞。

1.乙巳日贞人尹占卜贞问："商王宾大乙彡祭，没有灾祸？"在十二月。

2.丁未日贞人尹占卜贞问："商王宾大丁彡祭，没有灾祸？"

3.甲寅日贞人尹占卜贞问："商王宾大甲彡祭，没有灾祸？"在正月。

4.庚申日贞人尹占卜贞问："商王宾［大庚］彡祭，没有灾祸？"

5.丁丑日贞人尹占卜贞问："商王宾中丁彡祭，没有灾祸？"

6.乙酉日贞人尹占卜贞问："商王宾祖乙彡祭，没有［灾祸］？"

7.［辛］卯日贞人尹占卜［贞问］："商王宾祖辛彡祭，没有灾祸？"

8.丁酉日贞人尹占卜贞问："商王宾祖丁彡祭，没有灾祸？"在二月。

9.丁巳日贞人尹占卜贞问："商王宾父丁彡祭，没有［灾祸］？"在三月。

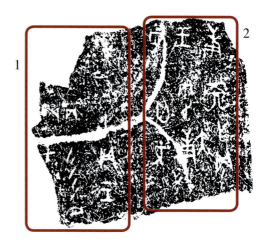

# 「外丙、大庚」周祭卜辞

1 丙申卜，贞：王[宾]外丙彡日，[无]尤？

2 庚子卜，贞：王宾大庚彡日，亡尤？

第五期

《甲骨文合集》35566

## 辞语解析

1. 该版是一版周祭卜辞，丙申与庚子同在甲午旬内，说明外丙位于大庚之前受祭，与此相同的还有《合集》35561、35560、35570等版。该版还说明了外丙与大庚在一旬受祭是其祀序，也坐实了外丙排不到大乙、大丁一旬内受祭的史实。若外丙排到大乙、大丁一旬内受祭，其祭祀顺祀就要位于大丁之前，不仅与周祭原则冲突，而且与文献所载的大丁、外丙兄弟顺次相违背。

2. 与《合集》22723比较，大甲、大庚同在一旬内受祭，该版中外丙与大庚同在一旬受祭。由此判断，大甲、外丙、大庚同在一旬内受周祭。大甲在甲日、外丙在丙日、大庚在庚日，其祭祀顺序是大甲、外丙、大庚，与《合集》35406版所补翌祭大甲、外丙、大庚顺序相同。

3. 按照《殷本纪》所载，外丙为成汤次子、太丁之弟、太甲之叔。太丁早卒而没有继承商王位。成汤是直接把商王位传给太丁之弟——外丙的。按照周祭原则，先即位为王先受祭，太丁未即位为王，不应受到祭祀，外丙应当在成汤即大乙之后受祭。但甲骨文周祭中成汤（大乙）、太丁、太甲、外丙的这种祭祀顺序，反映了商初王位的继位顺序。这种继位顺序与商朝初年伊尹放太甲的重大历史事件相关。它还深刻地反映出：商朝自建国之初，就已经确立了中国政治制度中一项重要制度——宗法制度。大乙即成汤，不直接传位于外丙而是太丁之子——太甲，这种传位现象，反映了商初嫡长子继承制的确立。

## 卜辞大意

这是一版周祭卜辞。

1.丙申日占卜贞问："商王宾外丙彡日祭，没有灾祸？"

2.同旬的庚子日占卜贞问："商王宾大庚彡日祭，没有灾祸？"

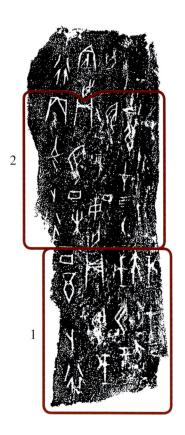

# 『大戊、中丁』等周祭卜辞

1 丁酉卜，行贞：翌戊戌翌于大戊无咎？在四〔月〕。

2 丙午卜，行贞：翌丁未翌于中丁无咎？在四月。

第二期

《甲骨文合集》22822

- - - - - - - - - - - - - - - - - - - - - - - - - - - - - - - - - - - - - - - -

## 辞语解析

1. 该版两辞，分别于两旬内祭祀大戊与中丁两位先王。即甲午旬的戊戌日翌祭大戊，次旬甲辰旬丁未日翌祭中丁。《合集》22723等版反映的史实是：中丁在第五旬受祭，该版上大戊在中丁前一旬受祭，那么，大戊是在第四旬受祭的。

## 卜辞大意

　　这是一版周祭卜辞。大意是甲午旬的丁酉日，贞人行占卜贞问："翌日即第二天戊戌日向大戊翌祭，没有灾祸？"在四（月）。次旬甲辰旬的丙午日，贞人行占卜贞问："翌日即第二天丁未日向中丁翌祭，没有灾祸？"在四月。

2

1

## 『雍己、中丁』周祭卜辞

1 己酉卜，[贞]：王宾雍己壹，亡尤？

2 [丁巳卜]，贞：王宾中丁[壹]，亡尤？

第五期

《甲骨文合集》35616

## 辞语解析

1. 该版是一版周祭卜辞。根据祭日与王名日干一致原则，"王宾中丁壹"之占卜日可补为"丁巳日"。

2. 甲辰旬的己酉日，商王对雍己壹祭，甲辰旬的下旬为甲寅旬，甲寅旬的丁巳日，商王对中丁壹祭，由此推出，雍己是在中丁的上旬受周祭。与《合集》22822版比较，大戊、雍己都在中丁的上一旬受周祭，同旬中，戊日早于己日，由此可知大戊在雍己前受周祭。

## 卜辞大意

这是一版周祭卜辞。

1. 己酉日占卜贞问："商王宾敬雍己壹祭，没有灾祸？"

2. 丁巳日占卜贞问："商王宾敬中丁壹祭，没有灾祸？"

## 『上甲、大甲、小甲』周祭卜辞

1 癸丑卜，贞⋯王旬亡畎？在九月。甲寅彫翌上甲。

2 癸酉卜，贞⋯王旬亡畎？在十月。甲戌翌日大甲。

3 癸未卜，贞⋯王旬亡畎？在十月。甲申翌日小甲。

第五期
《甲骨文合集》35402

## 辞语解析

1.“旬亡畎”，与一期卜辞中“旬亡田”相同，是一恒语。

2. 该版是周祭卜辞。其祭祀顺序为：

　　　　甲寅旬　第一旬　上甲

　　　　甲子旬　第二旬

　　　　甲戌旬　第三旬　大甲

　　　　甲申旬　第四旬　小甲

　　与上几版周祭顺序连接，大甲在第三旬，小甲是在第四旬。与《合集》22723版中大甲的祭祀顺序相同，也就是说小甲在第四旬，与《合集》22822版中的大戊、《合集》35616中的雍己同在第四旬祭祀排列一起，甲日在前，故小甲位于大戊、雍己前受祭。根据先即位先受祭原则，甲骨文中排出的"小甲→大戊→雍己"的祭祀顺序，也是其即位顺序。

3. 该版中，上甲、大甲、小甲受祭顺序与时间段相同的还有《补编》10942版等。

4. 周祭卜辞中，小甲→大戊→雍己→中丁的祭祀顺序，是根据周祭卜辞材料及周祭原则一步步推定出来的。根据先即位先受周祭原则，小甲至中丁四位商王的祭祀顺序，就是商先王当年的继位顺序。它不同于《殷本纪》所载小甲、雍己、大戊的王位继承顺序，这对商代社会历史的认识、历史典籍的记载勘误等，都具有重要意义。

## 卜辞大意

这是一版周祭卜辞。

1. 癸丑日占卜贞问："下旬有无灾祸？"在九月。甲寅日肜祭、翌祭上甲。

2. 癸酉日占卜贞问："下旬有无灾祸？"在十月。甲戌日翌日祭大甲。

3. 癸未日占卜贞问："下旬有无灾祸？"在十月。甲申日翌日祭小甲。

# 『大甲、小甲、戋甲』周祭卜辞

1 癸亥，王卜贞：旬亡囧？王吅曰：吉。在五月。甲子彡［大甲］。

2 癸酉，王卜贞：旬亡囧？在六月。甲戌彡小甲。

3 癸巳，王卜贞：旬亡囧？王吅曰：吉。在六月。甲午彡戋甲。

4 癸卯，王卜贞：旬亡囧？王吅曰：吉。在六月。甲辰彡羌甲。

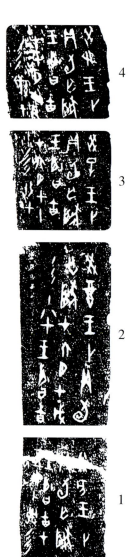

第五期

《甲骨文合集》35589

## 辞语解析

1. 与上所引周祭卜辞中先王受祭顺序相互衔接。大甲在第三旬受祭。其受祭顺序为：

甲子旬　第三旬　大甲

甲戌旬　第四旬　小甲

甲申旬　第五旬

甲午旬　第六旬　戋甲

甲辰旬　第七旬　羌甲

从以上时段及所祭甲名先王看，大甲至羌甲四个甲名先王，在五旬内受祭祀，与《合集》22723版中大甲相关联，大甲在第三旬受祭，小甲等先王按照时间先后顺次排列。小甲在第四旬受祭，同旬内有大戊、雍己受祭。中丁在第五旬受祭，戋甲在第六旬受祭。

## 卜辞大意

这是一版周祭卜辞。

1.癸亥日商王占卜贞问："下旬无灾祸？"商王占卜结果是：吉利。在五月。甲子日彡祭大甲。

2.癸酉日商王占卜贞问："下旬无灾祸？"在六月。甲戌日彡祭小甲。商王占卜结果是：吉利。

3.癸巳日商王占卜贞问："下旬无灾祸？"商王占卜结果是：吉利。在六月。甲午日彡祭戋甲。

4.癸卯日商王占卜贞问："下旬无灾祸？"商王占卜结果是：吉利。在六月。甲辰日彡祭羌甲。

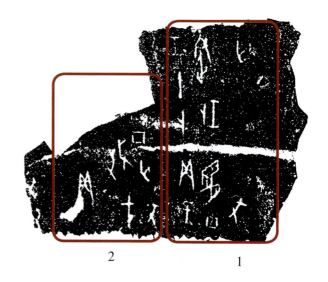

2                      1

## 『外壬、戔甲』周祭卜辞

1　壬午卜，贞：王宾外壬翌日，亡尤？

2　［甲申卜］，贞：［王宾］戔甲［翌］日，亡尤？

甲骨卜辞菁华·商王名号篇

第五期

《甲骨文合集》35636

## 辞语解析

1.该版是一版周祭卜辞。根据周祭原则，可补祭祀戔甲的占卜日期为"甲申"日。这种补充另有卜辞可证实。卜辞如：

（1）壬寅卜，豕，王宾外壬翌日，亡尤？

（2）甲辰卜，豕，贞：王宾［戔甲］翌日，［亡］尤？《合集》22876

（1）［壬］□［卜］，贞：［王宾］外壬彡日［亡］尤？

（2）［甲］□［卜］，贞：［王宾］戔甲彡［日］亡尤？《合集》35642

《合集》22876占卜的壬寅日翌祭外壬，下旬甲辰日一定是祭甲名王先王，继外壬之后即位的商王是戋甲。《合集》35642祭外壬与戋甲的占卜日期均残，然根据周祭原则，仍能补其为壬某日和甲某日占卜。此三条辞都残缺，但根据甲骨残辞、周祭原则及文献中外壬与戋甲（河亶甲）即位的先后顺序，仍能得出外壬位于戋甲前一旬受祭的结论。

2.《合集》35589版上戋甲在第六旬受祭，那么，位于其前一旬受祭的外壬，是在第五旬受祭。第五旬有中丁。丁日在壬日前，故中丁在外壬前受祭。根据周祭原则先即位先受祭原则，中丁在外壬前即王位。

## 卜辞大意

这是一版周祭卜辞。

1.壬午日占卜贞问："商王宾外壬翌日祭，无灾祸？"

2.甲申日占卜贞问："商王宾祭戋甲翌日祭，无灾祸？"

## 『祖乙、祖辛』周祭卜辞

1 癸酉卜，王贞：翌甲戌王其宾大甲壹，无咎？

2 丁亥卜，王贞：翌戊子王其宾大戊壹，无咎？

3 甲辰卜，王贞：翌乙巳王其宾祖乙壹，无咎？

4 [庚戌]卜，王[贞：翌]辛亥[王]其宾祖辛[壹]，无咎？

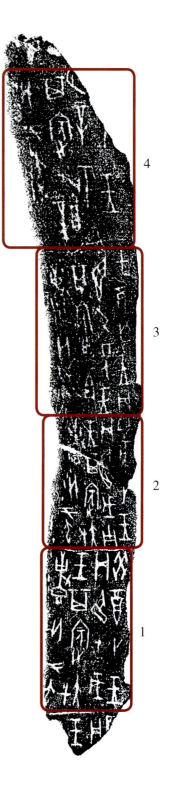

第二期

《甲骨文合集》22779

- - - - - - - - - - - - - - - - - - - - - - - -

### 辞语解析

1. 壹，在本版中作 形，与第五期该字作 （《合集》35452）、 （《合集》35509）等形有异，比较两种形体文字所在文句，认为其是同字异形体。

2. 与上引卜辞相联系，该版的致祭顺序是：

甲戌旬　第三旬　大甲

甲申旬　第四旬　大戊

甲午旬　第五旬

　　甲辰旬　第六旬　祖乙、祖辛

3. 与上版相系联，戋甲在第六旬被祭祀，该版的第六旬是祖乙、祖辛。按照甲日
　在前，乙日紧随、辛日在后之顺序，第六旬祭祀的先王为：戋甲→祖乙→祖辛。

## 卜辞大意

　　这是一版周祭卜辞。

1. 癸酉日商王占卜贞问："翌日甲戌日商王将宾敬大甲壹祭，没有灾祸？"

2. 丁亥日商王占卜贞问："翌日戊子日商王将宾敬大戊壹祭，没有灾祸？"

3. 甲辰日商王占卜贞问："翌日乙巳日商王将宾敬祖乙壹祭，没有灾祸？"

4. 庚戌日商王占卜贞问："翌日辛亥日商王将宾敬祖辛壹祭，没有灾祸？"

# 『戋甲、羌甲、阳甲』周祭卜辞

1 癸酉，王卜，贞：旬亡祤？王屲曰：大吉。在九月。甲戌翌戋甲。

2 癸未，王卜，贞：旬亡祤？王屲曰：大吉。在九月。甲申翌羌甲。

3 癸巳，王卜，贞：旬亡祤？王屲曰：大吉。在九月。甲午翌阳甲。

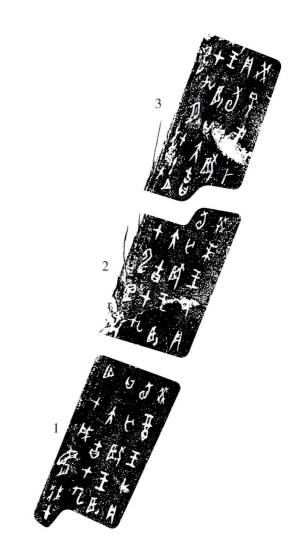

第五期

《甲骨文合集》35644

## 辞语解析

1. 与上几版周祭卜辞相衔接，该版的祭祀顺序是：

    甲戌旬　第六旬　戋甲

    甲申旬　第七旬　羌甲

    甲午旬　第八旬　阳甲

## 卜辞大意

这是一版周祭卜辞。

1.癸酉日商王占卜贞问："下旬有无灾祸？"商王占卜后判曰："大吉利。"在九月。甲戌日翌日祭戋甲。

2.癸未日商王占卜贞问："下旬有无灾祸？"商王占卜后判曰："大吉利。"在九月。甲申日翌日祭羌甲。

3.癸巳日商王占卜贞问："下旬有无灾祸？"商王占卜后判曰："大吉利。"在九月。甲午日翌日祭阳甲。

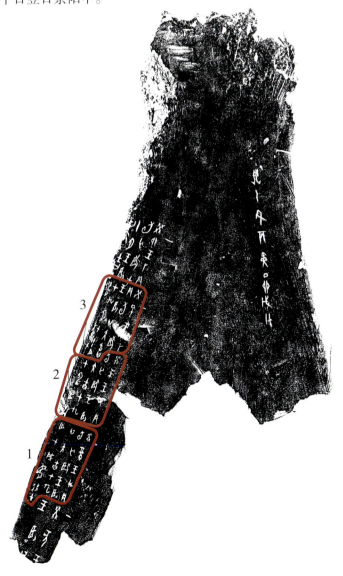

『祖乙、祖丁』周祭卜辞

2 丙戌卜，行贞：翌丁亥祭于祖丁，无㞢？在九月。

1 甲戌卜，行贞：翌乙亥祭于祖乙，无㞢？在八月。

第二期

《甲骨文合集》22931

## 辞语解析

1. 与《合集》22779版相互衔接，其祭祀顺序是：

　　　　甲戌旬　第六旬　祖乙

　　　　甲申旬　第七旬　祖丁

　　与《合集》35644版相衔接，第七旬祭羌甲，本版的第七旬祭祖丁，甲日在前，丁日在后，故羌甲在祖丁之前受祭。

## 卜辞大意

　　这是一版周祭卜辞。

　　1.甲戌日行这个贞人占卜贞问："翌日（第二天）用周祭之祭向祖乙祭祀，没有灾祸？"在八月。

　　2.丙戌日行这个贞人占卜贞问："翌日（第二天）用周祭之祭向祖丁祭祀，没有灾祸？"在九月。

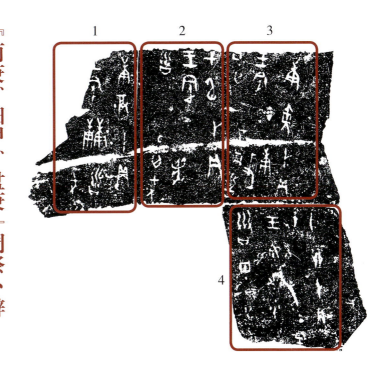

『南庚、阳甲、盘庚』周祭卜辞

1 庚辰卜,贞:…[王]宾南庚彡[日],[亡]尤?

2 甲申卜,贞:…王宾阳甲彡日,亡尤?

3 庚寅卜,贞:…王宾盘庚彡日,亡尤?

4 乙卯卜,贞:…王宾小乙彡日,亡尤?

第五期

《甲骨文合集》35726

## 辞语解析

1. 与《合集》35644相互衔接,阳甲是在第八旬受祭,故该版的祭祀顺祀是:

　　甲戌旬　第七旬　南庚

　　甲申旬　第八旬　阳甲、盘庚

2. 该版第一辞占卜日为庚辰日,周祭之彡祭的先祖是南庚。庚辰日的下旬是甲申日,所祭先祖为阳甲,同旬的庚寅日彡祭盘庚。甲申旬早于乙卯日所在之旬三旬,与小乙在盘庚之下旬受祭不符合,再查看原版甲骨,"小乙彡日"所在版与上述辞条所在版为缀合版,从两版缀合的边痕看,也不太吻合,故该版缀合有误。下引《合集》23077及《合集》23106、23110版可佐证。

3. 自中丁至阳甲，共五代却有九个先王，与《殷本纪》对应可知：在此阶段商王位不仅在亲兄弟之间传承，而且还在堂兄弟与堂叔侄之间传承。从中丁以来，由于嫡长子继承制的破坏，王位争夺发生，削弱了国家政权，商王朝在中期出现衰败、频繁迁都的历史局面。

## 卜辞大意

这是一版周祭卜辞。

1.庚辰日占卜贞问："商王宾敬南庚叠日祭，没有灾祸？"

2.甲申日占卜贞问："商王宾敬阳甲叠日祭，没有灾祸？"

3.庚寅日占卜贞问："商王宾敬盘庚叠日祭，没有灾祸？"

4.乙卯日占卜贞问："商王宾敬小乙叠日祭，没有灾祸？"

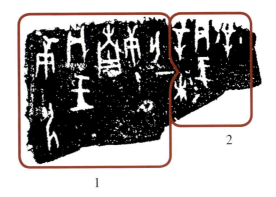

1

2

## 『南庚、小辛』周祭卜辞

1 庚申［卜］，□，贞：王［宾］南庚□，无□？一

2 辛未［卜］，□，贞：王［宾］小辛□，无□？

第二期

《甲骨文合集》23077

## 辞语解析

1. 该版残缺较大，祭名均残掉，然根据周祭卜辞文例及现存文字，仍可确认该版是一版周祭卜辞。接以上之辞，其祭祀顺序是：

　　甲寅旬　第七旬　南庚

　　甲子旬　第八旬　小辛

从该版的占卜时间和顺序看，小辛是在南庚的下旬受周祭，与阳甲、盘庚为同旬，辛日在庚日之后，故小辛在盘庚之后受祭祀。

## 卜辞大意

　　这是一版周祭卜辞。

　　1.庚申日由某贞人占卜贞问："商王宾敬南庚周祭，不会有灾祸？"

　　2.辛未日由某贞人占卜贞问："商王宾敬小辛周祭，不会有灾祸？"

『小乙、父丁』周祭卜辞

癸亥卜，尹贞：旬亡因？在十二月。乙丑翌小乙，丁卯翌父丁。

第二期

《甲骨文合集》23244

## 辞语解析

1. 该版是一版对小乙、父丁举行翌祭的占卜，乙丑日翌祭小乙，乙丑日的第三日丁卯日翌祭父丁即武丁。

2. 与《合集》22723版相衔接，父丁即武丁在九旬受祭，该版的祭祀顺序是：

  甲子旬 第九旬 小乙 父丁（武丁）

3. 与小乙、父丁同在一旬内占卜祭祀的周祭卜辞还有《补编》7008、《合集》23126正版等。

## 卜辞大意

  这是一条周祭卜辞。大意是癸亥日贞人尹占卜贞问，下旬有无灾祸。在十二月。乙丑日翌祭小乙，乙丑日的第三日丁卯日翌祭父丁即武丁。

## 『小乙、父丁、兄己、兄庚』周祭卜辞

1 乙亥卜,行贞：王宾小乙翌,亡尤？在十一月。

2 丁丑卜,行贞：王宾父丁翌,亡尤？

3 己卯卜,行贞：王宾兄己翌,亡尤？

4 [庚辰]卜,行[贞：王]宾兄庚[翌]，[无]尤？

第二期

《甲骨文合集》23120

---

## 辞语解析

1. 该版是祖甲时期的周祭占卜。父丁为武丁，兄己为文献中的孝己，兄庚为后世商王武丁之子祖庚，是孝己之弟，曾即位为王，文献中称祖庚。

2. 与《合集》22723版相互衔接，该版的祭祀顺祀是：

   甲戌旬　第九旬　小乙　父丁（武丁）　兄己（祖己）　兄庚（祖庚）

   此四先王在甲戌旬即同旬内按照天干日先后依次受祭。

## 卜辞大意

这是一版周祭卜辞。

1. 乙亥日行贞人占卜贞问："翌祭小乙没有灾祸？"在十一月。

2. 丁丑日行贞人占卜贞问："翌祭父丁没有灾祸？"

3. 己卯日行贞人占卜贞问："翌祭兄己没有灾祸？"

4. 庚辰日行贞人占卜贞问："翌祭兄庚没有灾祸？"

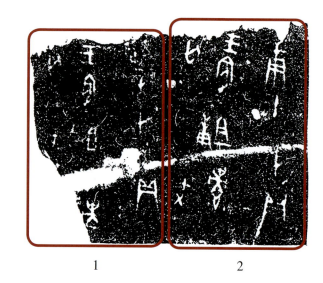

1  2

『祖己、祖庚』周祭卜辞

1 己巳卜，贞：王宾祖己壹，亡尤？

2 庚午卜，贞：王宾祖庚壹，亡尤？

甲骨卜辞菁华·商王名号篇

第五期

《甲骨文合集》35866

## 辞语解析

1.兄己、兄庚在黄组卜辞中称祖己、祖庚。己巳、庚午同在甲子旬。其祭祀顺序是：

　　甲子旬　第九旬　祖己　祖庚

## 卜辞大意

这是一版周祭卜辞。

1.甲子旬的己巳日，商王宾敬祖己壹祭，是否有灾祸。

2.次日庚午日，商王宾敬祖庚壹祭，是否有灾祸。

1

2

3

## 『羌甲、阳甲、祖甲』周祭卜辞

1 癸巳，王卜，贞……旬亡畎？王囗曰……吉。在六月。甲午彡羌甲。惟王三祀。

2 癸卯，王卜，贞……旬亡畎？王囗曰……吉。在六月。甲辰彡阳甲。

3 癸亥，王卜，贞……旬亡畎？王囗曰……吉。在七月。甲子彡祖甲。

第五期

《甲骨文合集补编》10963

《补编》10963 卜骨是《合集》35756 与《合集》37838 缀合

## 辞语解析

1. 祀，即年，《尔雅·释天》："夏曰岁，商曰祀，周曰年，唐虞曰载。"

2. 与《合集》35644相衔接，该版的祭祀顺序是：

  甲午旬　第七旬　羌甲
  甲辰旬　第八旬　阳甲
  甲寅旬　第九旬
  甲子旬　第十旬　祖甲

从此版祭祀顺序看，祖甲是在第十旬受祭的，甲日祭甲名王先祖，故祖甲是在甲子日受周祭。

## 卜辞大意

这是一版周祭卜辞。

1. 癸巳日商王占卜贞问："下旬有无灾祸？"商王占卜后判曰："吉利。"在六月。甲午日彡祭羌甲。在文丁（或帝乙、帝辛）三年。

2. 癸卯日商王占卜贞问："下旬有无灾祸？"商王占卜后判曰："吉利。"在六月。甲辰日彡祭阳甲。

3. 癸亥日商王占卜贞问："下旬有无灾祸？"商王占卜后判曰："吉利。"在七月。甲子日彡祭祖甲。

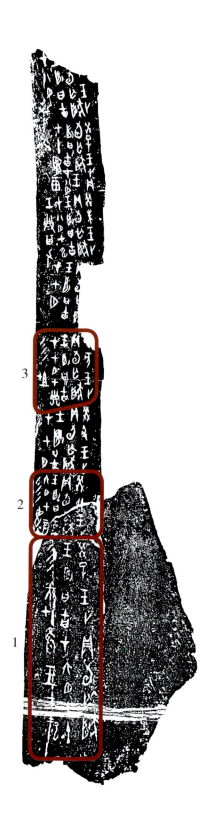

『祖甲、康祖丁』周祭卜辞

1 甲申卜，贞：王宾祖甲祭，亡尤？

2 [丁亥]卜，贞：王宾康祖丁祭，亡尤？

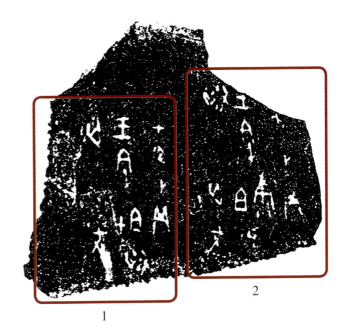

1

2

第五期

《甲骨文合集》35889

## 辞语解析

1. 该版是一版文丁时期的周祭卜辞，对康丁称祖，称之康祖丁。祖甲与康祖丁同在甲申旬受祭，甲申日祭祖甲，甲申日后第四日丁亥日祭康祖丁。康祖丁是甲骨文周祭卜辞中最后一位受祭的商先王。

## 卜辞大意

这是一版周祭卜辞。

1.甲申日占卜贞问："商王要宾敬祖甲周祭之祭，没有灾祸？"

2.丁亥日占卜贞问："商王要宾敬康祖丁周祭之祭，没有灾祸？"

根据卜辞之间的系联关系，甲骨文中所祭商先公、先王，起于上甲，止于康丁（康祖丁），共十九世三十一位商先公、先王受到周祭。成汤之子太丁、武丁之子祖己虽立为太子，但不曾为王，仍受到周祭，说明商代太子地位与曾经即位为王的商先王是一样的。

　　自上甲至于康祖丁周祭祭祀顺序是根据周祭原则排出的；武丁之前商先公、先王之间的世次辈分在甲骨卜辞中是分不出的。确定其世次辈分的根据：在其周祭祭祀顺序上，还需要根据《殷本纪》等典籍记载的商王世次辈分加以判定。

三　直系、旁系先王配偶受祭

先公先王配偶的同版周祭卜辞数量较少，先王配偶与先王同版周祭的卜辞更少，目前发现仅有三版且模糊。虽然数量少，但根据先王先妣同版受相同周祭的现象，说明先王先妣处在同一祭祀系统之内。直系先王的配偶受周祭而旁系先王的配偶不受周祭，说明商代嫡庶之间区别清楚。

# （一）直系先王配偶祀序

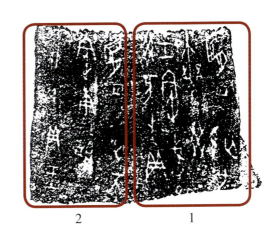

『武丁奭妣癸』周祭卜辞

1 癸亥卜，贞：王宾武丁奭妣癸翌日，亡尤？

2 丁卯卜，贞：王宾康祖丁翌日，亡尤？

2　　1

第五期

《甲骨文合集》36271

受材料限制，先公先王配偶祀序的考证，不是从示壬之配妣庚、示癸之配妣甲开始，而是从康祖丁同版的武丁奭妣癸卜辞开始系联求证。

## 辞语解析

1. 该版卜辞是先王与先妣共同享受周祭的一版占卜，根据先王的占卜祀序，康丁在先王的祀序中，位于第十旬。那么该版的祭祀顺序是：

甲寅旬　第九旬　武丁奭妣癸

甲子旬　第十旬　康祖丁

## 卜辞大意

这是一版周祭卜辞。

1.癸亥日占卜贞问："商王宾敬武丁之配妣癸翌日祭，没有灾祸？"

2.丁卯日占卜贞问："商王宾敬康祖丁翌日祭，没有灾祸？"

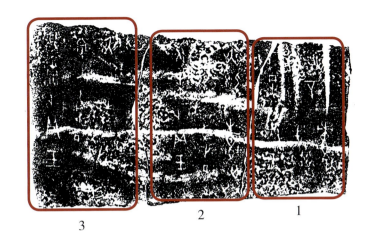

「武丁奭妣辛」周祭卜辞

1 辛巳卜，贞：王宾武丁奭妣辛壹，亡尤？

2 癸未卜，贞：王宾武丁奭妣癸壹，亡尤？

3 戊子卜，贞：王宾武丁奭妣戊壹，亡尤？

第五期

《甲骨文合集》36268

## 辞语解析

1. 壹为周祭之一，从本版看，武丁有三个配偶，即妣辛、妣癸和妣戊，她们都享受周祭，并且同入先王先妣周祭祀序谱中。

2. 妣辛是妇好，是武丁的第一个配偶。殷墟妇好墓出土有"司母辛"铭文青铜器。该墓还出土了大量带有"妇好"和"司母辛"的青铜器，《殷墟妇好墓》谓：由于"司母辛"铭文铜器与"妇好"铭文铜器共存于一座墓中，故推测两者指的当同是一人，就是说妇好是墓主（生时）之名，辛是她（死后）的庙号，后来又称之为妣辛。……殷墟妇好墓出土134件兵器，其中两件铜钺上面铸有妇好的名字。[①]

3. 妣戊可能是妇井死后之名号，卜辞如：

　　（1）王其侑妣戊妌，汎羊，王受佑？汎小宰，王受佑？

（2）惟妣戊妌，小宰，王受佑?《屯南》4023

辞意是商王侑祭妣戊妌，是用羊还是宰牺牲祭祀，王能受到保佑?

现存世界最大的"司母戊方鼎"，于1939年在安阳西北冈王陵区出土，推测妇妌死后葬于商王陵区，可见其身份地位之高。

4. 与《合集》36271占卜顺序相衔接，该版的祭祀顺序是：

甲戌旬　第九旬　武丁奭妣辛　武丁奭妣癸

甲申旬　第十旬　武丁奭妣戊

## 卜辞大意

这是一版周祭卜辞。

1. 辛巳日占卜贞问："商王宾敬武丁之配妣辛壹祭，没有灾祸?"

2. 癸未日占卜贞问："商王宾敬武丁之配妣癸壹祭，没有灾祸?"

3. 戊子日占卜贞问："商王宾敬武丁之配妣戊壹祭，没有灾祸?"

① 中国社会科学院考古研究所：《殷墟妇好墓》，文物出版社，1980年，第108页。

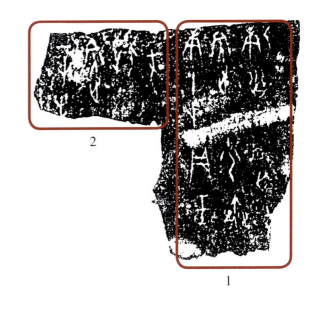

## 『小乙奭妣庚』周祭卜辞

1 庚午卜，贞：王宾小乙奭妣庚卋日，亡尤？

2 辛未［卜］，［贞：王］宾［武丁奭］妣辛［卋日，亡］尤？

第五期

《甲骨文合集》36264

### 辞语解析

1. 该版是一版周祭卜辞。辞有残缺，然根据"庚午""辛未"日期及"小乙奭妣庚""妣辛"文字，可补充该辞为：辛未［卜］，［贞王］宾［武丁奭］妣辛［卋日亡］尤？

2. 与《合集》36268祀序相衔接，该版的祭祀顺序是：

    甲子旬   第九旬   小乙奭妣庚   武丁奭妣辛

### 卜辞大意

这是一版周祭卜辞。

1. 庚午日占卜贞问："商王宾敬小乙之配妣庚卋日祭，没有火祸？"

2. 辛未日占卜贞问："商王宾敬武丁之配妣辛卋日祭，没有灾祸？"

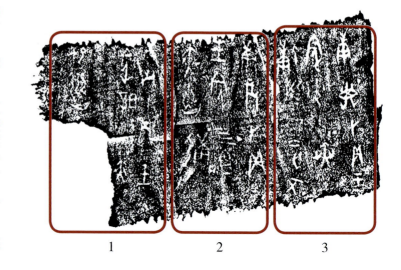

1　2　3

## 『四祖丁奭妣庚』周祭卜辞

1 甲戌卜，贞：王宾祖辛奭妣甲岁〔日〕，亡〔尤〕？

2 庚辰卜，贞：王宾四祖丁奭妣庚岁日，〔亡尤〕？

3 庚子卜，贞：王宾小乙奭妣庚岁日，亡尤？

第五期

《甲骨文合集》36252

## 辞语解析

1.出组卜辞中，祖丁有配偶妣己受周祭（《合集》23330），说明祖丁有配偶称妣
己。黄组卜辞中，四祖丁有配偶称妣庚，说明祖丁除了妣己先妣外，还有另一
位配偶名妣庚。己日在前，庚日在后，妣己、妣庚相邻两日受周祭，不仅她们
自己的祭祀顺序不冲突，而且在周祭祀谱中也不与其他商先王、先妣冲突，证
明祖丁的两个配偶妣己、妣庚同入先王、先妣祀谱中。

2. 该版分别有三个先妣受周祭，她们的祭祀次序是：

　　甲戌旬<sup>①</sup>　第七旬　祖辛奭妣甲　四祖丁奭妣庚

　　甲申旬　第八旬

　　甲午旬　第九旬　小乙奭妣庚

## 卜辞大意

　　这是一版周祭卜辞。

　　1.甲戌日占卜贞问："商王宾敬祖辛之配妣甲翌日祭，没有灾祸？"

　　2.庚辰日占卜贞问："商王宾敬四祖丁之配妣庚翌日祭，没有灾祸？"

　　3.庚子日占卜贞问："商王宾敬小乙之妣庚翌日祭，没有灾祸？"

---

① 出组卜辞、黄组卜辞周祭卜辞延续的时间加起来在一百年以上。"卜疑决疑，不疑何卜"是占卜原则。故商王在周祭的过程中，大部分祭祀是不占卜的。即使占卜过，或还没有出土，或出土后已经破坏。因此，目前见到的周祭卜辞，仅是很少的一部分。故每一版的周祭旬是该祭如翌祭一周在此时段内时长。不同版的周祭旬是变化的，而周祭先王、先妣的数量、次序是不变的。

# 「祖辛奭妣甲」周祭卜辞

1 己丑卜，行贞：王宾雍己彡，亡尤？

2 甲辰卜，行贞：王宾戔甲彡，亡尤？

3 甲寅卜，行贞：王宾祖辛奭妣甲彡，亡尤？

第二期

《甲骨文合集》22816

## 辞语解析

1. 目前发现甲骨文中周祭先王先妣同版的甲骨有三版，分别是《合集》22816、《合集》35957、36271版，这三版卜辞完全遵循周祭原则：祭日的天干日与先王名一致，祭日的天干日与先妣名一致。即甲日祭甲名王先王，甲日祭甲名先妣。与先王周祭系统相关联，该版的祭祀顺序是：

   甲申旬　第四旬　雍己

   甲午旬　第五旬

   甲辰旬　第六旬　戔甲

   甲寅旬　第七旬　祖辛奭妣甲

   从先王、先妣同版享有相同的周祭祭祀看，先王先妣在同一周祭系统中同时被祭祀，"祖辛奭妣甲"在祀序中的位置，无论以先妣周祭卜辞系联，抑或是先王与先妣周祭卜辞系联，其祀序均相同。

## 卜辞大意

这是一版周祭卜辞。

1.己丑日行贞人占卜贞问："商王宾敬先王雍己彡祭，没有灾祸？"

2.甲辰日行贞人占卜贞问："商王宾敬先王戋甲彡祭，没有灾祸？"

3.甲寅日行贞人占卜贞问："商王宾敬祖辛之配妣甲彡祭，没有灾祸？"

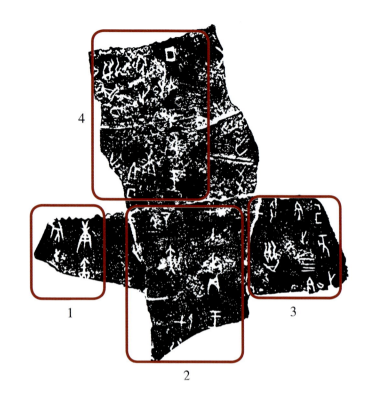

## 『祖辛奭妣甲』周祭卜辞

1 庚寅［卜，贞：王］宾［祖乙奭妣庚卺日，亡尤］？

2 甲午卜，贞：王［宾］祖辛奭妣甲卺日，亡［尤］？

3 己亥卜，［贞：王］宾四祖丁［奭］妣己卺［日，亡尤］？

4 丁卯卜，贞：王宾康祖丁卺日，亡［尤］？

第五期

《甲骨文合集》35957

- - - - - - - - - - - - - - - - - - - - - - - - - - - - - - - - -

## 辞语解析

1.该版是一版先王、先妣合祭的甲骨。该版中不仅有祖辛奭妣甲，而且有另一位先王——康祖丁。康祖丁在第十旬受祭，向前推排，该版的祭祀顺序是：

（甲申旬　第六旬　祖乙奭妣庚）

甲午日　第七旬　祖辛奭妣甲　（四）祖丁奭妣己

甲辰旬　第八旬

甲寅旬　第九旬

甲子旬　第十旬　康祖丁

甲午旬的前一旬是甲申旬，该旬有庚寅日。祖乙之配有两个，一个是妣庚（《合集》36239），一个是妣己（《合集》36240）。根据祭日与先妣名一致的原则，庚寅日所祭应是祖乙奭妣庚。该残辞可补充为：庚寅［卜，贞王］：宾［祖乙奭妣庚晋日亡尤］。

2. 以此版康丁所在第十旬向前排，祖辛奭妣甲正好也在第七旬，故该版与上版相互印证，先王、先妣同在一周祭系统内。

## 卜辞大意

这是一版周祭卜辞。

1. 庚寅日占卜贞问："商王宾敬祖乙奭妣庚晋日，没有灾祸？"

2. 甲午日占卜贞问："商王宾敬祖辛奭妣甲晋日，没有灾祸？"

3. 己亥日占卜贞问："商王宾敬四祖丁奭妣己晋日，没有灾祸？"

4. 丁卯日占卜贞问："商王宾敬康祖丁晋日，没有灾祸？"

# 『祖乙奭妣己』周祭卜辞

1 辛亥卜，贞：王宾大甲奭妣辛肜日，亡尤？（缀合有误）

2 [己]丑卜，贞：王宾祖乙奭妣己肜日，亡尤？

3 庚申卜，贞：王宾小乙奭 [妣庚] 肜日，[亡] 尤？

4 戊辰卜，贞：王宾祖甲奭妣戊 [肜日]，亡尤？

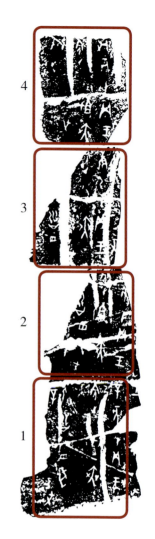

甲骨卜辞菁华·商王名号篇

第五期

《甲骨文合集》36226甲

## 辞语解析

1. 辛亥日与祖乙之配妣己所在之旬差五旬，和周祭顺序中大甲之配与祖乙之配所差旬数不合，且该骨版缀合边缘不吻合，故该缀合有误。祖乙有两个配偶，分别是妣己、妣庚。根据祭名与先妣名一致的原则，可补残缺的日干"己"。该版上有祖乙、小乙、祖甲三位先王的配偶受周祭，祖乙之配妣己在己丑日受祭，小乙之配妣庚残缺，然根据整版卜辞内容、性质、占卜日期，即庚申、小乙奭等信息，残缺先妣之名为小乙之配妣庚。

2. 与《合集》36252版祭祀顺次相互衔接，该版的祭祀顺序是：

> 甲申旬　第六旬　祖乙奭妣己
>
> 甲午旬　第七旬
>
> 甲辰旬　第八旬
>
> 甲寅旬　第九旬　小乙奭妣庚
>
> 甲子旬　第十旬　祖甲奭妣戊

甲寅旬的庚申日商王宾敬小乙之配妣庚卺日祭。下旬的甲子旬的戊辰日商王宾敬祖甲之配妣戊卺日，与先王祀序相谐。由此向前推时段，祖乙之配妣己受祭所在之日为己丑日，己丑日属于甲申旬。与小乙之配妣庚受祭第九旬为准，那么，祖乙之配妣己在第六旬受祭。

3. 该版中"祖甲奭妣戊"，与《合集》36281版相互系联，可求证康丁之配妣辛的祀序。该版中"祖乙奭妣己""小乙奭妣庚"向前可系联祖丁、中丁之配祭祀祀序。

## 卜辞大意

> 这是一版周祭卜辞。
>
> 己丑日占卜贞问："商王宾敬祖乙之配妣己卺日祭，没有灾祸？"
>
> 庚申日占卜贞问："商王宾敬小乙之配妣庚卺日祭，没有灾祸？"
>
> 戊辰日占卜贞问："商王宾敬祖甲之配妣戊卺日祭，没有灾祸？"

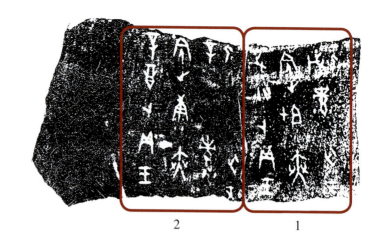

2　　　　　　1

## 『祖甲奭妣戊』周祭卜辞

1 戊午卜，贞：王宾祖甲奭妣戊奭，亡尤？

2 辛酉卜，贞：王宾康奭妣辛奭，亡尤？

甲骨卜辞菁华·商王名号篇

第五期

《甲骨文合集》36281

························································

## 辞语解析

1. 康，是康丁、康祖丁的省称。从王宾、祭祀日与王名一致等因素判断，该版是一版周祭卜辞。

2. 与《合集》36226甲版相互衔接，该版的祭祀顺序是：

　　　甲寅旬　第十旬　祖甲奭妣戊　康丁奭妣辛

## 卜辞大意

这是一版周祭卜辞。

1. 戊午日占卜贞问："商王宾敬祖甲之配妣戊（周祭），没有灾祸？"

2. 辛酉日占卜贞问："商王宾敬康丁之配妣辛（周祭），没有灾祸？"

## 『中丁奭妣癸』周祭卜辞

1 癸酉卜，尹贞：王宾中丁奭妣癸翌日，亡尤？
2 己丑〔卜〕，尹贞：王宾祖丁奭妣己翌日，亡尤？
3 庚戌卜，尹贞：王宾小乙奭妣庚翌日，亡尤？

第二期

《甲骨文合集》23330

## 辞语解析

1. 该版是出组卜辞中的一版周祭卜辞。祖丁还称四祖丁。与上版小乙在第九旬相
   衔接，其祭祀顺序是：

   甲子旬　第五旬　中丁奭妣癸

   甲戌旬　第六旬

   甲申旬　第七旬　祖丁奭妣己

   甲午旬　第八旬

   甲辰旬　第九旬　小乙奭妣庚

## 卜辞大意

这是一版周祭卜辞。

1.癸酉日尹贞人占卜贞问："商王宾敬中丁之配妣癸翌日祭，没有灾祸？"

2.己丑日尹贞人占卜贞问："商王宾敬祖丁之配妣己翌日祭，没有灾祸？"

3.庚戌日尹贞人占卜贞问："商王宾敬小乙之配妣庚翌日祭，没有灾祸？"

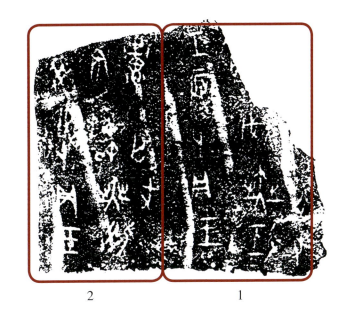

『中丁奭妣癸』周祭卜辞

1　壬辰卜，贞：王宾大戊奭妣壬［壹］，亡尤？

2　癸卯卜，贞：王宾中丁奭妣癸壹，亡尤？

2　　　　　　1

三　直系、旁系先王配偶受祭

第五期

《甲骨文合集》36225

## 辞语解析

1.该版是黄组卜辞中一版周祭大戊、中丁之配的周祭卜辞。与上版《合集》
23330"中丁奭妣癸"所在的第五旬相系联，该版的祭祀顺序是：

甲申旬　第四旬　大戊奭妣壬

甲午旬　第五旬　中丁奭妣癸

## 卜辞大意

这是一版周祭卜辞。

1.壬辰日占卜贞问："商王宾敬大戊之配妣壬［壹］祭，没有灾祸？"

2.癸卯日占卜贞问："商王宾敬中丁之配妣癸壹祭，没有灾祸？"

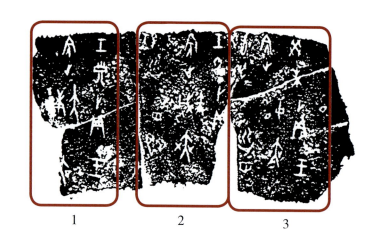

1　　2　　3

## 『大戊奭妣壬』周祭卜辞

1 壬子卜，贞：王宾大庚奭［妣壬岙日，亡尤］？

2 壬申卜，贞：［王］宾大戊奭妣壬岙日，亡尤？

3 癸未卜，贞：王宾中丁奭妣癸岙日，［亡尤］？

第五期

《甲骨文合集》36226乙

## 辞语解析

1. 该版是一版周祭先妣卜辞，"壬子卜""大庚奭"文字清晰，大庚之配妣壬还见于《合集》36196甲、36218版，故残辞可补充为：壬子卜，贞王宾大庚奭［妣壬岙日，亡尤］。

2. 与《合集》36225先王祀序相衔接，该版先妣的祭祀顺序是：

　　甲辰旬　第三旬　大庚奭妣壬

　　甲寅旬

　　甲子旬　第四旬　大戊奭妣壬

　　甲戌旬　第五旬　中丁奭妣癸

由大戊之配妣壬及中丁妣癸所在旬序位置，排出大庚之配妣壬在先王周祭系统的第三旬受祭。

## 卜辞大意

这是一版周祭卜辞。

1.壬子日占卜贞问："商王宾敬大庚之配妣壬昚日祭，没有灾祸？"

2.壬申日占卜贞问："商王宾敬大戊之配妣壬昚日祭，没有灾祸？"

3.癸未日占卜贞问："商王宾敬中丁之配妣癸昚日祭，没有灾祸？"

4

2

3

1

『大乙奭妣丙』周祭卜辞

1 丙申〔卜〕，行贞：王宾大乙奭妣丙砦，亡尤？在八月。

2 辛丑，行贞：王宾大甲奭妣辛砦，亡尤？在八月。

3 壬寅卜，行贞：王宾大庚奭妣壬砦，亡尤？

4 壬子卜，行贞：王宾大〔戊〕奭妣壬砦，亡尤？

甲骨卜辞菁华·商王名号篇

第二期

《甲骨文合集》23314

## 辞语解析

1. 丙申日占卜受祭者，常玉芝把大乙奭妣丙看成外丙，[①]仔细辨认整版甲骨占卜内容后判断，《合集释文》释此为"大乙奭妣丙砦"比较合适。此版下面拼合有误。

2. 与《合集》36226乙先王祀序相衔接，该版先王的祭祀顺序是：

　　甲午旬　第三旬　大乙奭妣丙　大甲奭妣辛　大庚奭妣壬

　　甲辰旬　第四旬　大戊奭妣壬

## 卜辞大意

这是一版周祭卜辞。

1.丙申日行贞人占卜贞问："商王宾敬大乙之配妣丙翌日祭，没有灾祸？"在八月。

2.辛丑日行贞人占卜贞问："商王宾敬大甲之配妣辛翌日祭，没有灾祸？"在八月。

3.壬寅日行贞人占卜贞问："商王宾敬大庚之配妣壬翌日祭，没有灾祸？"

4.壬子日行贞人占卜贞问："商王宾敬大戊之配妣壬翌日祭，没有灾祸？"

---

① 常玉芝：《商代周祭制度》，线装书局，2009年，第86页。

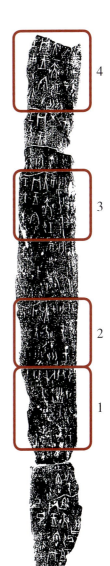

三 直系、旁系先王配偶受祭

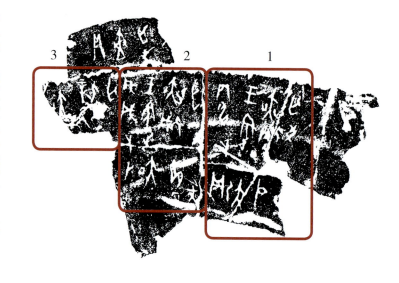

## 『大丁奭妣戊』周祭卜辞

1 丙申卜，贞：王宾大乙奭妣丙［翌］日，亡尤？

2 戊戌卜，贞：王宾大丁奭妣戊翌日，亡尤？

3 ［辛丑卜］，［贞：王宾］大甲［奭］妣辛［翌日］，亡［尤］？

甲骨卜辞菁华·商王名号篇

第五期

《甲骨文合集》36196丙

## 辞语解析

1. 与《合集》23314版先王祀序相衔接，该版先王的祭祀顺序是：

　　　甲午旬　第三旬　大乙奭妣丙　大丁奭妣戊　大甲奭妣辛

2. 与该版祀序相同的还有：

　　（1）丙申卜，贞：王宾大乙奭妣丙衋，亡尤？

　　（2）戊戌卜，［贞：王］宾大丁奭妣戊衋，亡尤？《合集》36198

3. 从以上几版甲骨文看，第三旬受祭者，有大乙奭妣丙、大丁奭妣戊、大甲奭妣辛、大庚奭妣壬。

## 卜辞大意

这是一版周祭卜辞。

1.丙申日占卜贞问："商王宾敬大乙之配妣丙［翌日］祭，没有灾祸？"

2.戊戌日占卜贞问："商王宾敬大丁之配妣戊［翌日］祭，没有灾祸？"

3.［辛丑日占卜贞问：］"商王宾敬大甲［之配］妣辛［翌日］祭，没有灾祸？"

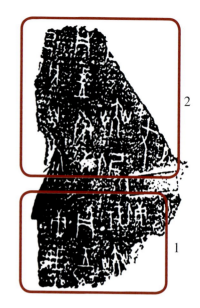

## 『示壬奭妣庚』周祭卜辞

1
庚戌卜，旅贞：王宾示壬奭妣庚，[亡尤]？

2
己亥卜，旅贞：王宾[祖]□（[祖丁]？）奭妣己……[亡]尤？□月。

第二期

《甲骨文合集》23303

## 辞语解析

1. 示壬之后，中丁之配、祖乙之配、祖丁之配均有名妣己的配偶。示壬之妣庚是商王祭祀先妣第一人。该版的祭祀顺序是：

甲辰旬　一旬　示壬奭妣庚

甲寅旬　二旬

甲子旬　三旬

甲戌旬　四旬

甲申旬　五旬

甲午旬　六旬　　［祖］□奭妣己

　　［祖］□奭妣己在第六旬被祭祀。即示壬奭妣庚与［祖］□奭妣己之间相差六旬时长。示壬之配妣庚一定不是排在上甲一旬内受祭，因庚日在壬日之前，示壬之配妣庚也排不到示壬、示癸之前受周祭，故示壬之配妣庚在第二旬受祭祀。示癸之配妣甲在第三旬的甲日受祭祀。

　　祭妣己之旬在先王、先妣祀序的第七旬，那么，此祖某当为祖丁，残辞补充为：己亥卜，旅，贞王宾［祖丁］奭妣己……［亡］尤？其位于先王先妣的祀序中顺序应为：

甲辰旬　第二旬　示壬奭妣庚

甲寅旬　第三旬

甲子旬　第四旬

甲戌旬　第五旬

甲申旬　第六旬

甲午旬　第七旬　［祖］丁奭妣己

## 卜辞大意

　　这是一版周祭卜辞。

　　1.庚戌日旅贞人占卜贞问："商王要宾敬示壬之配妣庚周祭，没有灾祸？"

　　2.第六旬即甲午旬的己亥日旅贞人占卜贞问："商王要宾敬祖丁之配妣己，没有灾祸？"

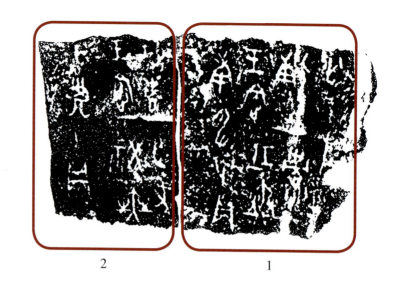

2　　　　　　　　　　　　1

## 『示癸奭妣甲』周祭卜辞

1 庚申卜，贞：王宾示壬奭妣庚壹，亡尤？

2 甲子卜，贞：王宾示癸奭妣甲壹，亡尤？

甲骨卜辞菁华·商王名号篇

第五期

《甲骨文合集》36184

## 辞语解析

1. 示壬之配称妣庚，示癸之配称妣甲。壹祭也是周祭之一。于省吾谓："甲骨文周祭中的直系先妣，自示壬的配偶妣庚和示癸的配偶妣甲开始。但是，妣庚和妣甲的日干并不相次，很明显，她们的庙号是根据典册的记载，决非后人所追拟。因此可知，示壬、示癸的庙号也有典可稽，是可以断定的。……商代先公和先妣的庙号，自二示和二示的配偶才有典可稽而已。"[①]

2. 先妣周祭原则之一，即祭日的天干日必与妣名一致。该版的祭祀顺序是：

　　甲寅旬　示壬奭妣庚

甲子旬　示癸奭妣甲

从先妣的祭祀顺序看，示壬之配偶妣庚比示癸之配妣甲早一旬受到周祭。

从《合集》36184、23303两版卜辞看，示壬之配妣庚在先王祀序表中是第二旬受祭，示癸之配妣甲则是在先王祀序表的第三旬受祭。在该表中，第三旬受祭的先妣，分别是：

示癸奭妣甲　大乙奭妣丙　大丁奭妣戊　大甲奭妣辛　大庚奭妣壬

## 卜辞大意

这是一版周祭卜辞。

1.庚申日占卜贞问："商王要宾敬示壬之配妣庚壹祭，没有灾祸？"

2.甲子日占卜贞问："商王要宾敬示癸之配妣甲壹祭，没有灾祸？"

由此，先妣在先公先王的的祀序中祭祀的顺序为：

第二旬　示壬奭妣庚

第三旬　示癸奭妣甲　大乙奭妣丙　大丁奭妣戊　大甲奭妣辛　大庚奭妣壬

第四旬　大戊奭妣壬

第五旬　中丁奭妣己　中丁奭妣癸

第六旬　祖乙奭妣己　祖乙奭妣庚

第七旬　祖辛奭妣甲　祖丁奭妣己　祖丁奭妣庚

第八旬

第九旬　小乙奭妣庚　武丁奭妣辛　武丁奭妣癸

第十旬　武丁奭妣戊　祖甲奭妣戊　康丁奭妣辛

从甲骨文周祭卜辞的系联看，共有二十位商先妣进入到商代周祭系统内，这二十位先妣之配——先王，都是直系先王。这些史实，证实了商代直系、旁系之间是有严格区别的。先王中，中丁有两个配偶，祖乙是两个配偶，祖丁是两个配偶，武丁是三个配偶，武乙是两个配偶。这些史实，对研究商代王后的封立及对后世的影响，具有重要意义。

---

① 于省吾：《释上甲六示的庙号以及我国成文历史的开始》，《甲骨文字释林》，中华书局，1979年，第193～198页。

# （二）旁系先王配偶受祭

## 『外丙母妣甲』祭祀卜辞

1 癸酉卜，行贞：翌甲戌外丙母妣甲岁更牛？

2 贞妣甲岁更豛？

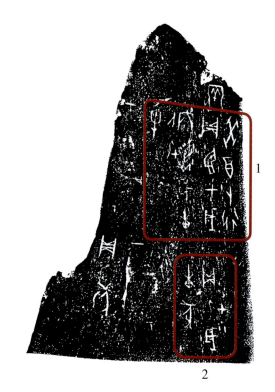

1

2

第二期

《甲骨文合集》22775

自成汤建国以来，除了直系先王外，还有十多位旁系先王。旁系先王的配偶受到后世商王祭祀的，仅有外丙之配妣甲、羌甲之配妣庚，其他旁系先王的配偶则不见于甲骨文中。

## 辞语解析

1. 母，在此指配偶。外丙母妣甲指外丙的配偶妣甲。

2. 牛，指牛牲。

3. 豛即公猪，《说文》："牡豕也。从豕叚声。"

## 卜辞大意

　　这是一版岁祭卜辞。大意是癸酉日，行这一贞人占卜贞问，对外丙之配妣甲进行岁祭是用牛牲，还是用公猪作牺牲。

## 『羌甲奭妣庚』祭祀卜辞

庚辰卜，□贞：王宾羌甲奭妣庚咎，亡「尤」？

第二期

《甲骨文合集》23325

三、直系、旁系先王配偶受祭

## 辞语解析

1. 咎是周祭中的一种祭祀。羌甲即位为商王，进入周祭祀谱，受到周祭。其子南庚曾即位为王，然南庚之子未即位为王，故羌甲成为旁系先王。

2. 羌甲奭妣庚，指羌甲之配曰妣庚。该辞为祖庚、祖甲时期的周祭，说明羌甲之配偶在祖庚、祖甲时期享有周祭的权利。黄组卜辞中不见羌甲之配妣庚受到周祭之占，说明到帝乙、帝辛时期，商代周祭制度更加严密，羌甲作为旁系先王，其配偶便无资格再享有周祭。

## 卜辞大意

这是一条"王宾"卜辞。大意是庚辰日某贞人占卜贞问："商王宾敬羌甲之配偶妣庚咎祭，没有灾祸？"

甲骨义中，只有外丙、羌甲旁系先王的配偶受到祭祀，说明商代直系与旁系先王的身份、地位是有区别的。

# 附一：干支次序表

| 甲子 | 乙丑 | 丙寅 | 丁卯 | 戊辰 | 己巳 | 庚午 | 辛未 | 壬申 | 癸酉 |
|------|------|------|------|------|------|------|------|------|------|
| 甲戌 | 乙亥 | 丙子 | 丁丑 | 戊寅 | 己卯 | 庚辰 | 辛巳 | 壬午 | 癸未 |
| 甲申 | 乙酉 | 丙戌 | 丁亥 | 戊子 | 己丑 | 庚寅 | 辛卯 | 壬辰 | 癸巳 |
| 甲午 | 乙未 | 丙申 | 丁酉 | 戊戌 | 己亥 | 庚子 | 辛丑 | 壬寅 | 癸卯 |
| 甲辰 | 乙巳 | 丙午 | 丁未 | 戊申 | 己酉 | 庚戌 | 辛亥 | 壬子 | 癸丑 |
| 甲寅 | 乙卯 | 丙辰 | 丁巳 | 戊午 | 己未 | 庚申 | 辛酉 | 壬戌 | 癸亥 |

# 附二：甲骨文著录简称与全称对照

| 简称 | 全称 |
| --- | --- |
| 《丙》 | 《殷虚文字丙编》 |
| 《补编》 | 《甲骨文合集补编》 |
| 《粹》 | 《殷契粹编》 |
| 《村中南》 | 《殷墟小屯村中村南甲骨》 |
| 《东京》 | 《东京大学东洋文化研究所藏甲骨文字》 |
| 《合集》 | 《甲骨文合集》 |
| 《后》 | 《殷虚书契后编》 |
| 《花东》 | 《殷墟花园庄东地甲骨》 |
| 《怀特》 | 《怀特氏等收藏甲骨文集》 |
| 《甲》 | 《殷虚文字甲编》 |

《戬》 　　　　　《戬寿堂所藏殷虚文字》

《菁》 　　　　　《殷虚书契菁华》

《库》 　　　　　《库方二氏藏甲骨卜辞》

《明藏》 　　　　《明义士收藏甲骨文集》

《前》 　　　　　《殷虚书契前编》

《苏德》 　　　　《苏、德、美、日所见甲骨集》

《天理》 　　　　《（日本）天理大学附属天理参考馆藏品·甲骨文字》

《铁》 　　　　　《铁云藏龟》

《屯南》 　　　　《小屯南地甲骨》

《邺初下》 　　　《邺中片羽初集下》

《乙》 　　　　　《殷虚文字乙编》

《佚》 　　　　　《殷契佚存》

《英藏》 　　　　《英国所藏甲骨集》

# 一、甲骨文献

董作宾：《殷虚文字甲编》，"中央研究院"历史语言研究所，1948年。

董作宾主编：《殷虚文字乙编》，"中央研究院"历史语言研究所，1949年。

郭沫若主编：《甲骨文合集》13册，中华书局，1980年。

胡厚宣主编，王宇信、杨升南总审校：《甲骨文合集释文》，中国社会科学出版社，1999年。

李学勤等编：《英国所藏甲骨》上编（上下册），中华书局，1985年。

彭邦炯等编：《甲骨文合集补编》，语文出版社，1999年。

许进雄：《怀特氏等收藏甲骨文集》，皇家安大略博物馆，1979年。

姚孝遂主编：《殷墟甲骨刻辞类纂》，中华书局，1989年。

姚孝遂主编：《殷墟甲骨刻辞摹释总集》，中华书局，1988年。

中国社会科学院考古研究所编：《小屯南地甲骨》，中华书局，1980年。

中国社会科学院考古研究所编著：《殷墟花园庄东地甲骨》，云南人民出版社，2003年。

中国社会科学院考古研究所编著：《殷墟小屯村中村南甲骨》，云南人民出版社，2012年。

（日）松丸道雄编著：《东京大学东洋文化研究所藏甲骨文字》，东京大学东洋文化研究所，1983年。

天理大学、天理教道友社编：《天理大学附属天理参考馆藏品·甲骨文字》，天理教道友社，1987年。

## 二、典籍

［清］段玉裁：《说文解字注》，上海古籍出版社，1981年。

［清］阮元：《十三经注疏》，中华书局，1980年。

［清］王念孙，锺宇讯点校：《广雅疏证》，中华书局，1983年。

## 三、近人甲骨论著

常耀华：《殷墟甲骨非王卜辞研究》，线装书局，2006年。

常玉芝：《说文武帝——兼略述商末祭祀制度的变化》，《商代周祭制度》，线装书局，2009年。

常玉芝：《殷商历法研究》，吉林文史出版社，1998年。

陈梦家：《殷虚卜辞综述》，中华书局，1988年。

丁山：《释梦》，《中央研究院历史语言研究所集刊》，第一本第二分册，1930年。

董作宾：《卜辞中所见之殷历》，《安阳发掘报告》第3期，1931年。

董作宾：《殷历谱》，"中央研究院"历史语言研究所，1992年。

顾颉刚：《古史辨自序》，上海古籍出版社，1981年。

郭沫若：《卜辞通纂》，科学出版社，1983年。

郭沫若：《殷契粹编》，科学出版社，1965年。

郭沫若：《殷契余论·易日解》，1933年。收入《郭沫若全集·考古编》第一卷，科学出版社，1982年。

韩江苏、江林昌：《〈殷本纪〉订补与商史人物徵》，中国社会科学出版社，2010年。

胡适撰，耿云志等导读：《中国哲学史大纲》，上海古籍出版社，1997年。

金祥恒：《释𣄰𣄰》，《中国文字》第六卷，1967年。

刘文淇：《春秋左氏传旧注疏证》，科学出版社，1959年。

罗振玉：《殷虚书契考释》中，王国维手书石印本，1915年。

罗振玉：《增订殷虚书契考释》（中），东方学会，1927年。

裘锡圭：《裘锡圭学术文集·甲骨文卷》，复旦大学出版社，2015年。

屈万里：《殷虚文字甲编考释》，"中央研究院"历史语言研究所，1961年。

孙诒让：《契文举例》，蟫隐庐石印本，1927年。

王国维：《观堂集林》，河北教育出版社，2001年。

王国维：《戬寿堂所藏殷虚文字》，上海仓圣明智大学石印本，1917年。

王国维：《殷卜辞中所见先公先王续考》，中华书局，1961年（初写成于1917年）。

王国维：《殷礼徵文》，《王国维遗书》第九册，上海古籍出版社，1983年。

王襄：《簠室殷契征文》，天津博物院石印本，1925年。

吴其昌：《殷虚书契解诂》，艺文印书馆，1959年。

严一萍：《殷商史记》，艺文印书馆，1991年。

杨树达：《积微居甲文说·卜辞锁记》（排印本），中国科学院，1954年。

叶玉森：《说契》，北平富晋书社影印本，1929年。

叶玉森：《殷契钩沉》，北平富晋书社，1919年。

于省吾：《甲骨文字释林》，中华书局，1979年。

于省吾：《双剑誃殷契骈枝三编》，石印本，1944年。

于省吾主编：《甲骨文字诂林》，中华书局，1996年

袁珂：《山海经校注》，上海古籍出版社，1980年。

张秉权：《殷虚文字丙编》，"中央研究院"历史语言研究所，1957年。

中国社会科学院考古研究所：《殷墟妇好墓》，文物出版社，1980年。

## 四、论文

陈梦家：《史字新释》，《考古》1936年第5期。

葛英会：《附论祊祭卜辞》，《殷都学刊》1999年第3期。

杨升南：《从殷墟卜辞中的"示"、"宗"说到商代的宗法制度》，《中国史研究》1985年第3期。

于省吾：《商代的谷类作物》，《东北人民大学人文科学学报》1957年第1期。

于省吾：《释上甲六示的庙号以及我国成文历史的开始》，《甲骨文字释林》，中华书局，1979年。

钟柏生：《说"异"兼释与"异"并见诸词》，《"中央研究院"历史语言研究所集刊》，第五十六本第三分册，1985年。